Leben

Eine kontextorientierte Unterrichtseinheit für den fachübergreifenden naturwissenschaftlichen Unterricht

Autorin: Gesine Bertelsen

Unter Mitwirkung von:
Ute Rohwedder, Birgit Manzke, Regina Kaatz

Materialien für den naturwissenschaftlichen Unterricht

Klassen 5 und 6 – Heft 8

Schneider Verlag, Hohengehren GmbH

Materialien für den naturwissenschaftlichen Unterricht: Klassen 5/6
Herausgegeben von Ilka Parchmann und Helmut Prechtl
Leibniz-Institut für die Pädagogik der Naturwissenschaften und Mathematik (IPN), Kiel

Heft 8: Leben
Eine kontextorientierte Unterrichtseinheit für den fachübergreifenden naturwissenschaftlichen Unterricht

Autorin: Gesine Bertelsen (IPN)

Unter Mitwirkung von: Ute Rohwedder (Gemeinschaftsschule Probstei), Birgit Manzke (Grundschule Schönberg), Regina Kaatz (Gemeinschaftsschule Neustadt)

Layout: Gesine Bertelsen

Abbildungsnachweis: Gesine Bertelsen: **Titelseite, Seite 8-12, 15,16, 20-22, 29-34, 36, 40-42, 50, 55, 58, 59, 65–67, 70-72, Seite 5,6**: USDA, Gesine Bertelsen, X.Compagnion, Stefan XP, Bluemoose, Uwe H. Friese, U.S. Fish and Wildlife Service, Ansgar Walk, Jeff from Denver,Thomas Reich, Malene Thyssen, Richard Bartz, Walter Siegmund, Gesine Bertelsen, Mihaela Bota, Thomas Steiner, Kurt Stüber, Bouba, Luis Miguel Bugallo Sanchez, Alecgarci 149, 4028mdk09, Ikiwaner, Usien, Ikar, Martin Bahmann, Richard Hilber, **Seite 17**: Photo courtesy of Al Coritz, Jim and Becca Wicks, Andreas Trepte, Wilfried Wittkowsky, Franz Xaver, Malene Thyssen, Noah Elhardt, Thurner Hof. **Seite 18**: Thurner Hof, Arnstein Rönning, Alberto Romeo, Fantagu, Guido Gautsch, Gesine Bertelsen. **Seite 19,61**: Jim and Becca Wicks, Duane Raver/U.S. Fish and Wildlife Service. **Seite 23,62**: Photo courtesy of Al Coritz, www.schule-bw.de **Seite 25,68**: Andreas Trepte, Dave Menke, Richard Bartz, Lip Kee, Wilfried Wittkowsky, Hans Hillewaert **Seite 26–28,63,69**: Malene Thyssen, Rob Qld on Flickr. **Seite 35**: Gesine Bertelsen, Heribert Cypionka www.mikrobiologischer-garten.de **Seite 43**: NASA, Gesine Bertelsen,Tobias Geberth, Ulrich Iffland, natur-server.com **Seite 44**: Gesine Bertelsen, Roger McLassus. **Seite 45,46, 76**: Stephan Borchert, Elma from Reykjavik, Gesine Bertelsen. **Seite 47,77**: SOHO, Luc Viatour, NASA. **Seite 48, 78**: Gesine Bertelsen, Malene Thyssen, Loren Reinhold, ArtMechanic, Simon Carey, Inconnu, Adam Jennison, Ikiwaner, Petra Karstedt, Kabir Bakie, Newlitter, Kamranki. **Seite 59**: Inconnu. **Seite 52**: Magpie Ilja, H. Zell, Gerhard Elsner, Birgit Manzke. **Seite 53**: Chrizz. **Seite 54**: United States Fish and Wildlife Service, Loren Reinhold **Seite 56**: Emilys-welt.eu, Richard Bartz, Scott Bauer, Danleo, Andreas Trepte, Nevit Dilmen, Jonathan Hornung, Gesine Bertelsen,**Seite 57**: Stähler, Austria-Lexikon.at, Emilys-welt.eu, **Rückendeckel**: Andrew Butko

Das vorliegende Werk wurde sorgfältig erarbeitet. Dennoch übernehmen Autorin, Herausgeber und Verlag für die Richtigkeit von Angaben, Hinweisen und Ratschlägen sowie für eventuelle Druckfehler keine Haftung. Das Nacharbeiten der Experimente erfolgt auf eigene Gefahr.

Das Materialienheft ist im Rahmen des IPN Projektes NaWi-5/6 entstanden, das vom Land Schleswig-Holstein gefördert wird.

Informationen und Kontakt: www.nawi5-6.de

Bibliografische Information der Deutschen Nationalbibliothek

Die Deutsche Nationalbibliothek verzeichnet diese Publikation in der Deutschen Nationalbibliografie; detaillierte bibliografische Daten sind im Internet über ›http://dnb.d-nb.de‹ abrufbar.

ISBN 978-3-8340-1127-5

Schneider Verlag Hohengehren, 73666 Baltmannsweiler

Homepage: www.paedagogik.de

Alle Rechte, insbesondere das Recht der Vervielfältigung sowie der Übersetzung, vorbehalten. Kein Teil des Werkes darf in irgendeiner Form (durch Fotokopie, Mikrofilm oder ein anderes Verfahren) ohne schriftliche Genehmigung des Verlages reproduziert werden.

© Schneider Verlag Hohengehren, 73666 Baltmannsweiler 2012.

Printed in Germany. Druck: Appel & Klinger, Schneckenlohe

In dankbarer Erinnerung an

Reinhard Demuth

Inhaltsverzeichnis

Begegnungsphase

Weißt du, worum es geht? 5

Planungsphase

Meine Fragen an das Leben 6

Erarbeitungsphase

Fortpflanzung

Fortpflanzung bei Chilis – ein scharfe Sache 7
Wie pflanzen sich Lebewesen fort? 8
Fortpflanzung – was ist überall gleich? 12

Wachstum

Wie ich gewachsen bin 13
Wie schnell wächst Kresse? 15
Beobachtungsprotokoll 16

Bewegung

Tiere und Pflanzen in Bewegung 17
Quallen in Bewegung 18
Fische in Bewegung 19
Frösche in Bewegung 20
Schlangen in Bewegung 23
Vögel in Bewegung 24
Geparden – die schnellsten Landtiere 26
Pflanzen in Bewegung: Pflanzenbewegung durch chemische Reize 29
Pflanzenbewegungen durch Berührung 30
Pflanzen mit einer inneren Uhr 31
Pflanzenbewegung durch Temperaturänderung 32

Stoffwechsel

Was macht der Körper mit der Luft? 33
Was passiert, wenn Pflanzen Licht aufnehmen? 34

Wusstest du, dass Hefe lebt?	35
Atmen Pflanzen auch?	36

Reizbarkeit

Zeitreise in die Steinzeit	37
Warum ist Reizbarkeit wichtig?	39

Vertiefungsphase

Die Epochen der Erdgeschichte 40

Bedingungen für das Leben auf der Erde

Was sind die Voraussetzungen für das Leben?	43
Nutzung der Sonnenenergie zum Aufbau von Nährstoffen, Nahrungskette	43
Wasser	44
Sauerstoff	45
Wärme, Atmosphäre	47

Lebensspanne und Lebensverlauf einiger Tiere und Pflanzen

Wie alt werden Lebewesen?	48
Die Zwerggrundel	50
Der älteste Mensch	51
Der Efeu	52
Die Eibe	53
Die langlebige Kiefer	54
Das älteste Tier der Welt – ein Schwamm	55

Tod

Warum müssen wir alt werden und sterben?	56
Wenn das Leben zu Ende geht	57
Was passiert nach dem Tod?	58
Karte der Weltreligionen	59

Anhang	60
Präsentationsaufträge	61
Lösungen	66

Weißt du, worum es geht?

Meine Fragen an das Leben

Fortpflanzung:
_____
_____
_____

Wachstum:
_____
_____
_____

Bewegung:
_____
_____
_____

Stoffwechsel:
_____
_____
_____

Reizbarkeit:
_____
_____
_____

Leben:
_____
_____
_____

Tod:
_____
_____
_____

Frage-Karten unter www.nawi5-6.de

Fortpflanzung bei Chilis – eine scharfe Sache!

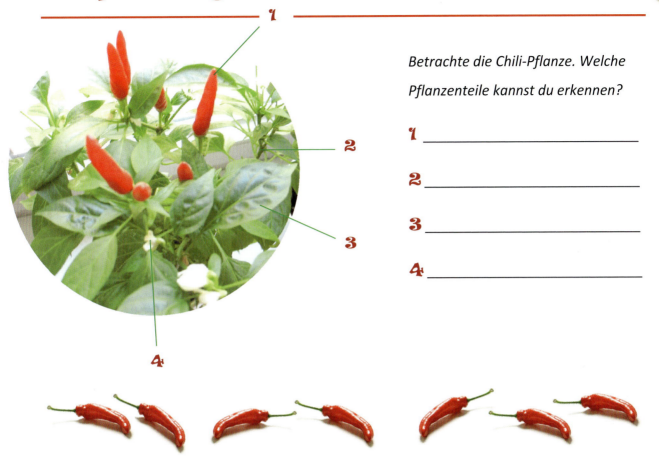

Betrachte die Chili-Pflanze. Welche Pflanzenteile kannst du erkennen?

1 _____

2 _____

3 _____

4 _____

Aufgabe:

- ✓ Suche dir drei markierte Pflanzenteile aus und betrachte sie in den folgenden Stunden.
- ✓ Trage in die Tabelle jeweils das Datum und den Zustand der beobachteten Pflanzenteile ein.

Datum									
Pflanzenteil									
Blüte									
verwelkte Blüte									
Frucht									
Fruchtlänge (in mm)									
Fruchtfarbe (g = grün, r = rot)									

Wie pflanzen sich Lebewesen fort?

Obwohl Menschen, Tiere und Pflanzen ganz unterschiedlich aussehen und auch ihre Fortpflanzungsorgane sehr verschieden aufgebaut sind, gibt es bei der Fortpflanzung aller Lebewesen einige grundsätzliche Gemeinsamkeiten.

Auf den folgenden drei Seiten wird die Fortpflanzung beim Menschen und bei einer Pflanze in einer Bildergeschichte dargestellt. Entdecke die Gemeinsamkeiten!

- ☞ Für die **Pflanzen** wurde die **Kirsche** als Beispiel ausgewählt.
- ☞ So wie beim **Menschen** läuft die Fortpflanzung auch bei allen anderen **Säugetieren** ab.

Aufgabe:

✓ Verschaffe dir einen Überblick und sieh dir auf dieser Seite zunächst die Abbildungen der Fortpflanzungsorgane der Frau und der Kirschblüte genau an.

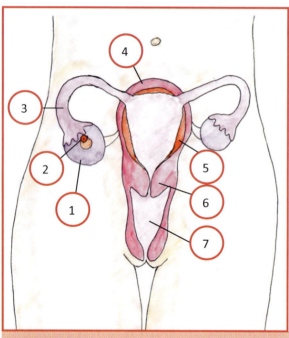

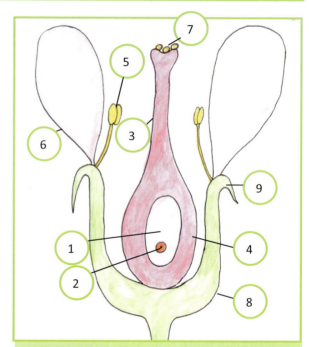

1. Eierstock
2. reife Eizelle
3. Eileiter
4. Gebärmutter
5. Gebärmutterschleimhaut
6. Muttermund
7. Scheide

1. Samenanlage
2. reife Eizelle
3. Griffel
4. Fruchtknoten
5. Staubblatt
6. Kronblatt
7. Narbe mit Pollen
8. Blütenboden
9. Kelchblatt

- ☞ Lies nun die Bildergeschichte und sieh dir alle Abbildungen genau an.
- ☞ Welche Gemeinsamkeiten bei der Fortpflanzung der Lebewesen fallen dir auf?

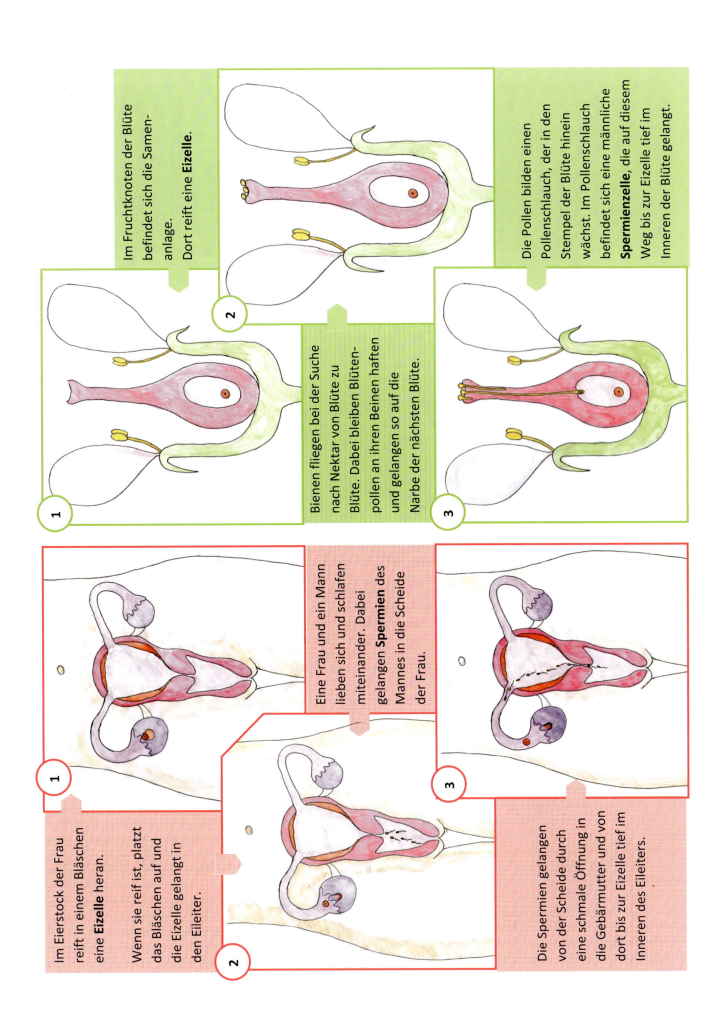

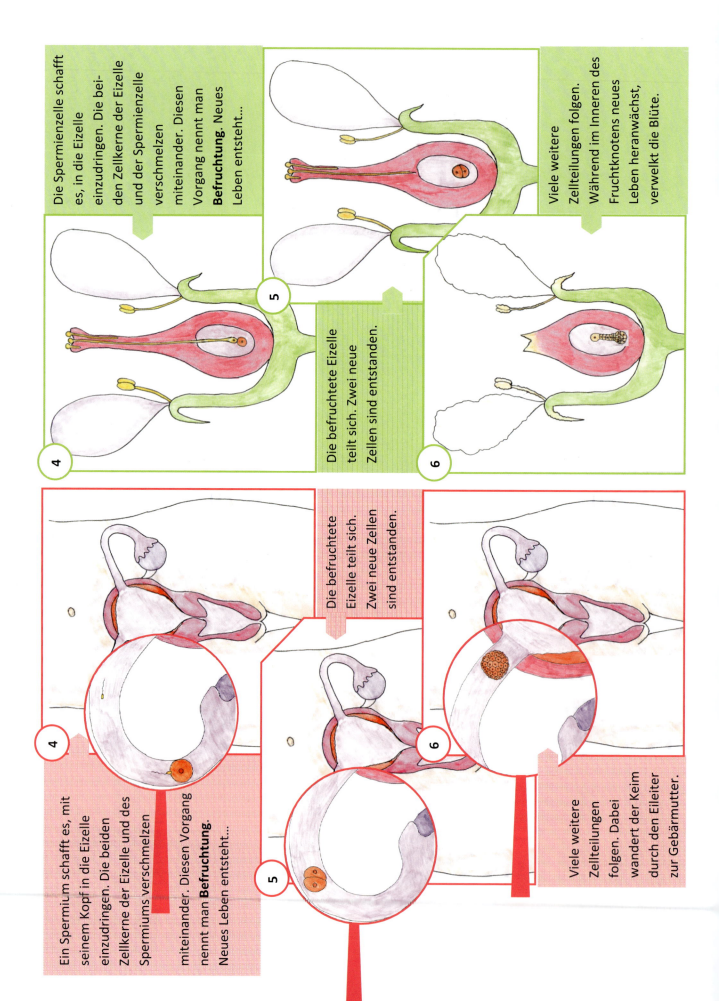

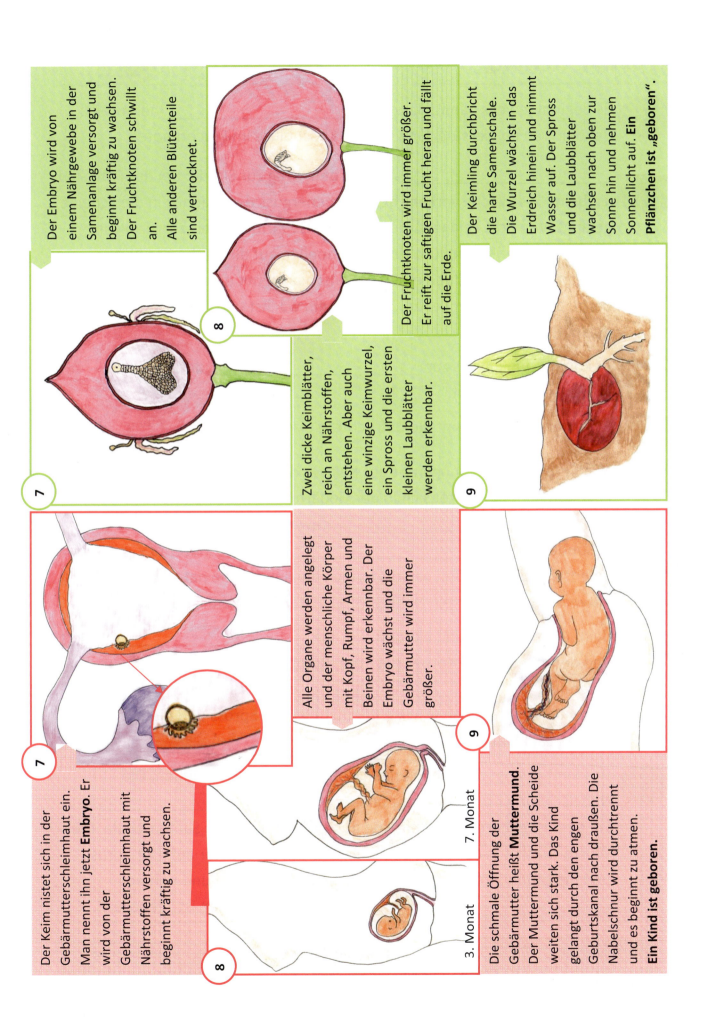

7 Der Embryo wird von einem Nährgewebe in der Samenanlage versorgt und beginnt kräftig zu wachsen. Der Fruchtknoten schwillt an. Alle anderen Blütenteile sind vertrocknet.

8 Zwei dicke Keimblätter, reich an Nährstoffen, entstehen. Aber auch eine winzige Keimwurzel, ein Spross und die ersten kleinen Laubblätter werden erkennbar.

Der Fruchtknoten wird immer größer. Er reift zur saftigen Frucht heran und fällt auf die Erde.

9 Der Keimling durchbricht die harte Samenschale. Die Wurzel wächst in das Erdreich hinein und nimmt Wasser auf. Der Spross und die Laubblätter wachsen nach oben zur Sonne hin und nehmen Sonnenlicht auf. **Ein Pflänzchen ist „geboren".**

7 Der Keim nistet sich in der Gebärmutterschleimhaut ein. Man nennt ihn jetzt **Embryo**. Er wird von der Gebärmutterschleimhaut mit Nährstoffen versorgt und beginnt kräftig zu wachsen.

8 Alle Organe werden angelegt und der menschliche Körper mit Kopf, Rumpf, Armen und Beinen wird erkennbar. Der Embryo wächst und die Gebärmutter wird immer größer.

3. Monat   7. Monat

9 Die schmale Öffnung der Gebärmutter heißt **Muttermund**. Der Muttermund und die Scheide weiten sich stark. Das Kind gelangt durch den engen Geburtskanal nach draußen. Die Nabelschnur wird durchtrennt und es beginnt zu atmen. **Ein Kind ist geboren.**

Fortpflanzung – was ist überall gleich?

1 Es beginnt jeweils damit, dass eine _____ heranreift: Bei der Frau im Eierstock und bei der Kirschblüte im Fruchtknoten.

2+3 _____ sind auf dem Weg zur Eizelle: Bei der Frau sind sie beim Geschlechtsverkehr beim Samenerguss des Mannes in die Scheide gelangt. Von dort gelangen sie durch die Gebärmutter bis zur Eizelle im Eileiter. Bei der Kirschblüte sind Blütenpollen auf die Narbe der Blüte gelangt. Die Pollen bilden einen Pollenschlauch mit einer Spermienzelle darin, der in den Stempel der Blüte hinein wächst und bis zur Eizelle gelangt.

4 Es kommt nun jeweils zur _____ der Eizelle. Neues Leben entsteht.

5 In beiden Fällen beginnt die befruchtete Eizelle sich zu _____.

6+7 Nach etlichen Zellteilungen ist der Keim in der Gebärmutter der Frau angekommen und nistet sich in der Gebärmutterschleimhaut ein. Aus dem Keim ist ein _____ geworden. Er wird durch ein besonderes _____ – die Plazenta – mit allen lebenswichtigen Stoffen versorgt. Auch bei der Kirsche hat sich ein Embryo entwickelt, der durch ein Nährgewebe in der Samenanlage versorgt wird.

8 Beim ungeborenen Kind werden nun alle _____ angelegt und der menschliche Körper mit Kopf, Rumpf, Armen und Beinen wird erkennbar. Im _____ der Kirsche bilden sich zwei dicke Keimblätter, eine winzige Keimwurzel, ein Spross und die ersten kleinen Laubblätter.

9 Das Kind gelangt durch den engen Geburtskanal nach draußen. Die Nabelschnur wird durchtrennt und es beginnt zu _____. Ein Kind ist geboren. Der Keimling durchbricht die harte Samenschale. Die Wurzel wächst in das Erdreich hinein und nimmt Wasser auf. Der Spross und die Laubblätter wachsen nach oben zur Sonne hin und nehmen _____ auf. Ein Pflänzchen ist „geboren".

| Sonnenlicht | Eizelle | atmen | Spermienzellen | Samen | Befruchtung |
| Organe | teilen | Nährgewebe | Embryo | | |

Wie ich gewachsen bin

Information:

Als du klein warst, sind deine Eltern wahrscheinlich regelmäßig mit dir zum Kinderarzt gegangen. Dort wurdest du gemessen und gewogen. Der Arzt hat die Ergebnisse in einem gelben Heft notiert. So konnte er schnell feststellen, ob du dich altersgerecht entwickelst. Dazu befinden sich hinten im gelben Heft zwei Diagramme, das Somatogramm 1 und 2.

Aufgabe:

- Das Somatogramm 1 in deinem gelben Untersuchungsheft zeigt den Zusammenhang zwischen Alter und Körpergröße.

- Übertrage die Werte der Wachstumskurve (Somatogramm 1) aus deinem U-Heft in dieses Diagramm.

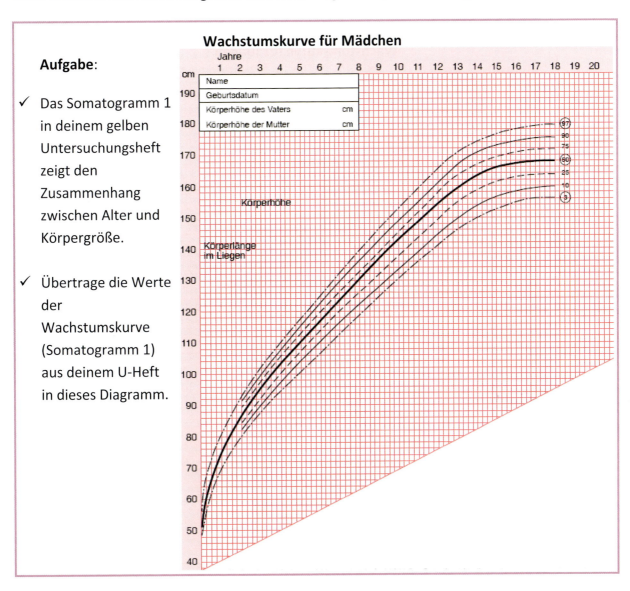

- **Arbeite mit deinem gelben Untersuchungsheft. Ergänze folgende Sätze:**

Bei meiner Geburt war ich _____ cm groß und ich wog _____ g.

In meinem ersten Lebensjahr bin ich _____ cm gewachsen und habe _____ g zugenommen.

Mit drei Jahren war ich ungefähr _____ cm groß und wog _____ kg.

Zur Einschulung war ich ungefähr _____ m groß und wog _____ kg.

Heute bin ich _____ m groß und wiege _____ kg.

Wie ich gewachsen bin

Information:

Als du klein warst, sind deine Eltern wahrscheinlich regelmäßig mit dir zum Kinderarzt gegangen. Dort wurdest du gemessen und gewogen. Der Arzt hat die Ergebnisse in einem gelben Heft notiert. So konnte er schnell feststellen, ob du dich altersgerecht entwickelst. Dazu befinden sich hinten im gelben Heft zwei Diagramme, das Somatogramm 1 und 2.

Aufgabe:

- Das Somatogramm 1 in deinem gelben Untersuchungsheft zeigt den Zusammenhang zwischen Alter und Körpergröße.

- Übertrage die Werte der Wachstumskurve (Somatogramm 1) aus deinem U-Heft in dieses Diagramm.

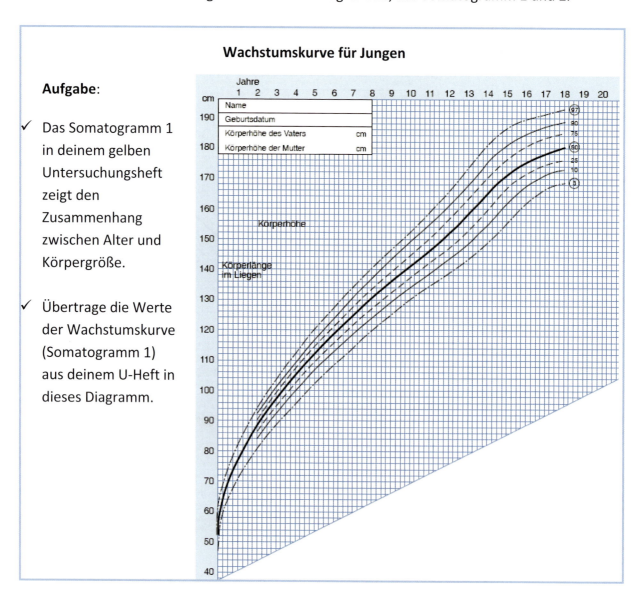

- **Arbeite mit deinem gelben Untersuchungsheft. Ergänze folgende Sätze:**

Bei meiner Geburt war ich _____ cm groß und ich wog _____ g.

In meinem ersten Lebensjahr bin ich _____ cm gewachsen und habe _____ g zugenommen.

Mit drei Jahren war ich ungefähr _____ cm groß und wog _____ kg.

Zur Einschulung war ich ungefähr _____ m groß und wog _____ kg.

Heute bin ich _____ m groß und wiege _____ kg.

Wie schnell wächst Kresse?

Du brauchst:

Material:
Pflanzschale, Erde oder Küchenkrepp, Kresse-Samen, Wasser, Frischhaltefolie

Aufgabe:
- ✓ Fülle die Erde in die Pflanzschale und feuchte sie an.
- ✓ Streue Kresse-Samen auf die Erde und drücke sie vorsichtig an.
- ✓ Stelle die Pflanzschale auf die Fensterbank und decke sie mit Frischhaltefolie ab.
- ✓ Achte darauf, dass die Erde nicht austrocknet.
- ✓ Notiere in den folgenden Stunden deine Beobachtungen.

Beobachtungsprotokoll

Datum:

Aussehen:

_____

_____

Länge der Pflanzen:

Zeichne die Kresse:

Datum:

Aussehen:

_____

_____

Länge der Pflanzen:

Zeichne die Kresse:

Datum:

Aussehen:

_____

_____

Länge der Pflanzen:

Zeichne die Kresse:

Datum:

Aussehen:

_____

_____

Länge der Pflanzen:

Zeichne die Kresse:

Information

Tiere und Pflanzen in Bewegung

Zu den Wirbeltieren gehören alle Fische, Amphibien, Reptilien, Vögel und Säugetiere. Sie bewegen sich auf ganz unterschiedliche Weise, aber es gibt bei Ihnen wichtige Gemeinsamkeiten: Alle besitzen sie ein Skelett aus Knochen, die durch Gelenke beweglich miteinander verbunden sind. An den Knochen sind Muskeln mit Sehnen angewachsen. Wenn ein Muskel angespannt wird, zieht er mit der Sehne an dem Knochen, an dem er angewachsen ist und es erfolgt eine bestimmte Bewegung.

Wirbellose Tiere, wie z.B. Schnecken oder Quallen besitzen keine Knochen, aber auch sie können sich mit Hilfe von Muskeln bewegen.

Selbst bei Pflanzen, die ja durch ihre Wurzeln im Boden verankert sind und deshalb ihren Standort nicht verlassen können, können bestimmte Bewegungen wahrgenommen werden, auch wenn Pflanzen keine Muskeln besitzen.

Information

Quallen in Bewegung

Feuerqualle

Leuchtqualle

Ohrenqualle

Kompassqualle

Würfelqualle

Quallen zählen zu den ältesten Tieren der Erdgeschichte und sind noch heute in allen Meeren zu Hause. Sie bestehen zu 99 Prozent aus Wasser. Ihr Körper ist ein Gebilde aus nur zwei hauchdünnen Zellschichten, einer inneren und einer äußeren. Dazwischen liegt eine Gallertmasse als Stützschicht.

Quallen schwimmen durch eine sich zusammenziehende Bewegung ihres Schirmes, bei der sie nach dem **Rückstoßprinzip** Wasser nach hinten wegdrücken und dadurch selbst eine Vorwärtsbewegung machen. Dabei bewegen sie sich schräg nach oben, um sich danach wieder etwas nach unten fallen zu lassen. Sie schwimmen daher oft nahe der Wasseroberfläche. Mit dieser Methode können sie bis zu zehn Kilometer pro Stunde zurücklegen. Oft lassen sie sich jedoch auch einfach mit der Strömung treiben.

Quallen werden von Biologen dem sogenannten Stamm der **Nesseltiere** zugeordnet. Auch die Seeanemonen gehören dazu. Sie alle besitzen nämlich Nesselkapseln an ihren Fangarmen (Tentakeln). Bei Berührung schießt ein Gift heraus, das auf der Haut einen brennenden Schmerz verursacht, ähnlich wie beim Kontakt mit Brennnesseln. Die Beutetiere der Quallen - Kleinstlebewesen wie Plankton, Kieselalgen oder kleine Krebse - werden durch das Gift gelähmt oder getötet. Anschließend wird die Beute verschlungen. Dazu führt die Qualle es mit ihren Tentakeln über die Öffnung zum Magenraum.
Man unterscheidet zwei große Gruppen von Quallen: die harmlosen Scheiben- oder Schirmquallen und die gefährlich giftigen, vierkantigen Würfelquallen.

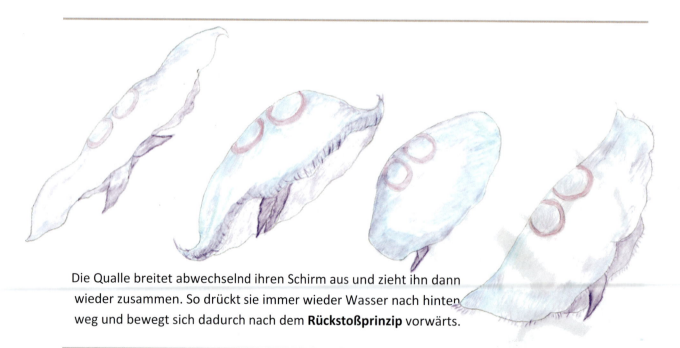

Die Qualle breitet abwechselnd ihren Schirm aus und zieht ihn dann wieder zusammen. So drückt sie immer wieder Wasser nach hinten weg und bewegt sich dadurch nach dem **Rückstoßprinzip** vorwärts.

Aufgaben für eine Präsentation unter www.nawi5-6.de

Fische in Bewegung

Fische bewegen sich mit ihren **Flossen**. Ermöglicht wird die Fortbewegung durch **Muskeln**, die sich abwechselnd zusammenziehen und wieder erschlaffen. Dadurch bewirken sie ein starkes Hin- und Herschlagen der **Schwanzflosse**, die gegen das Wasser drückt und den Fisch so schlängelnd vorwärts treibt.

Die **Brust-** und **Bauchflossen** dienen hauptsächlich der Steuerung, während die **Rücken-** und **Afterflossen** wie Schwerter bei Segelbooten wirken: Sie helfen dem Fisch, die Spur zu halten und verhindern dass er seitlich umkippt.

☞ *Beschrifte die Abbildung.*

Aufgaben für eine Präsentation unter www.nawi5-6.de

Information

Frösche in Bewegung

Frösche leben sowohl im Wasser als auch auf dem Land. Sie gehören wie die Kröten, Unken Salamander und Molche zur Tierklasse der **Amphibien.** Dieses Wort stammt aus dem Griechischen und heißt übersetzt „in beidem lebend".

Frösche bewegen sich an Land hüpfend oder springend vorwärts. Dafür stoßen sie sich mit ihren langen, kräftigen Hinterbeinen vom Boden ab und strecken ihren Körper. Sie können so bis zu einem Meter weit springen. Bei der Landung strecken sie die Vorderbeine nach vorne und federn so den Sprung ab.

Frösche sind auch sehr gute Schwimmer. Dabei ziehen sie die Hinterbeine gleichzeitig an und stoßen sie dann kräftig nach hinten. Zwischen ihren Zehen befinden sich **Schwimmhäute**. So kann das Wasser nicht zwischen ihren Zehen hindurch gleiten, sondern sie können mit ihren großen Füßen viel Wasser nach hinten wegdrücken und sich auf diese Weise vorwärts bewegen. Dabei ist ihr übriger Körper gestreckt und die Vorderbeine liegen eng am Körper an. So bieten sie dem Wasser wenig Widerstand und können schnell durch das Wasser gleiten.

Frösche in Bewegung

Aufgabe:

- Schneide die Bilder aus und lege sie auf dem Bildhintergrund in die richtige Reihenfolge.
- Schneide nun die Textbausteine aus und lege sie dazu.
- Wenn du sicher bist, dass deine Anordnung richtig ist, klebe die Bilder und die Texte fest.

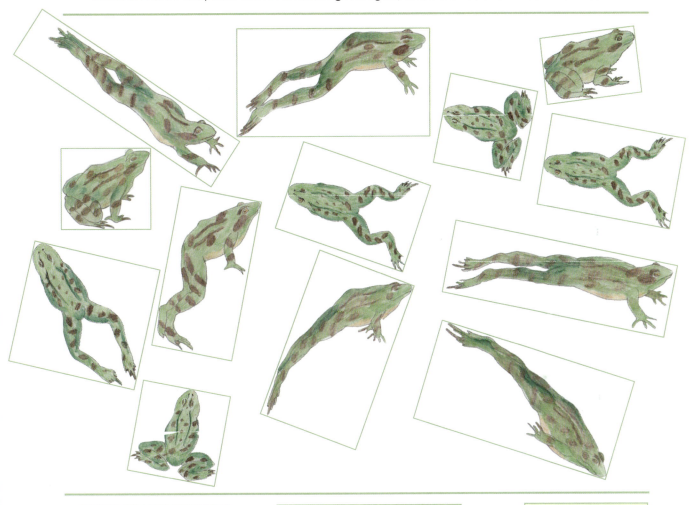

| … und stößt sie dann kräftig nach hinten. | Frösche können so einen Meter weit springen. | Der Frosch hockt auf dem Boden. |

| Beim Schwimmen zieht der Frosch beide Hinterbeine gleichzeitig an… | Die kurzen Vorderbeine werden beim Schwimmen nicht benutzt. Sie sind eng an den Körper angelegt. |

| Die Hinterbeine sind lang gestreckt und die Vorderbeine liegen eng am Körper an. | Zur Landung werden die Vorderbeine vorgestreckt um den Aufprall abzufedern. | Mit den kräftigen Hinterbeinen stößt er sich vom Untergrund ab. |

Aufgaben für eine Präsentation unter www.nawi5-6.de

Information

Schlangen in Bewegung

Obwohl Schlangen keine Beine haben, können sie sich sehr geschickt bewegen. Durch die besondere Bauweise ihres Skeletts können sie lautlos dahingleiten. Sie besitzen mehr als 200 Wirbel, die gelenkig miteinander verbunden sind. Die kräftigen Bewegungsmuskeln setzen an den Rippen an und machen den Körper sehr biegsam. Beim Schlängeln spreizt die Schlange ihre Bauchschuppen ab und stützt sich mit ihnen an Unebenheiten des Bodens, wie kleinen Steinchen oder Ästen, ab. Auch an Bäumen können Schlangen hinauf- und hinab gleiten, indem sie sich mit den Bauchschuppen an der Baumrinde abstützen. Im Dschungel können sich Schlangen so mit einer Geschwindigkeit von bis zu 6 Kilometern in der Stunde fortbewegen.

Bei dieser Viper kann man die breiten Bauchschuppen gut erkennen.

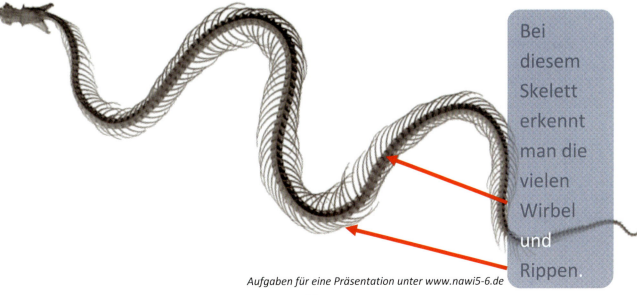

Bei diesem Skelett erkennt man die vielen Wirbel und Rippen.

Aufgaben für eine Präsentation unter www.nawi5-6.de

Vögel in Bewegung

Vögel sind durch ihren besonderen Körperbau in der Lage, zu fliegen. Statt Vorderbeinen oder Armen, wie die anderen Wirbeltiere und der Mensch, besitzen sie Flügel. Ihr Körper ist von einem Federkleid bedeckt. Die Federn liegen eng aneinander und bilden eine glatte, geschlossene Fläche, an der die Luft ohne großen Widerstand vorbeiströmen kann. Große Schwungfedern an den Flügeln sind für das Fliegen notwendig. Die Schwanzfedern braucht der Vogel zum Steuern. Darum nennt man sie auch Steuerfedern.

Vögel beherrschen verschiedene Flugtechniken

Beim **Ruderflug** bewegen Vögel ihre Flügel ständig auf und ab. Dafür besitzen sie sehr kräftige Flugmuskeln. Beim Abschlag drücken die gestreckten Flügel die Luft kräftig nach hinten und nach unten. Die eng aneinander liegenden Federn bilden dabei eine geschlossene Fläche, mit der sich der Vogel nach vorne und nach oben abdrückt.
Beim Aufschlag werden die Federn so gedreht, dass die Luft ungehindert zwischen ihnen hindurch strömen kann.
So wird verhindert, dass sich der Vogel beim Heben der Flügel wieder zurückbewegt.

Beim **Gleitflug** werden die Flügel nicht bewegt, sondern ausgebreitet in der Luft gehalten. Sie wirken wie Tragflächen bei einem Flugzeug. Wenn der Vogel nicht ab und zu mit den Flügeln schlägt, gleitet er langsam zur Erde. Darum nutzen die Vögel diese Flugtechnik auch, wenn sie aus großer Höhe wieder zur Landung ansetzen wollen.

Viele Greifvögel können sich mit ausgebreiteten Flügeln lange ohne Flügelschlag in der Luft halten. Dafür nutzen sie aufsteigende warme Luftströmungen oder Aufwinde. Diese Art des Fliegens nennt man **Segelflug**. Dabei gleiten die Vögel kreisend in große Höhen empor.

Der Turmfalke beherrscht eine besondere Flugtechnik, den **Rüttelflug**. Dabei bewegt er seine Flügel sehr schnell und „steht" mit breit gefächerten Schwanzfedern auf der Stelle. Er nutzt die Technik, um nach Beutetieren Ausschau zu halten.

Am allerschnellsten aber können die Kolibris ihre Flügel bewegen – bis zu 70 Mal in der Sekunde! Sie können im **Schwirrflug** wie ein Helikopter senkrecht nach oben und unten fliegen, auf der Stelle „stehen" und sogar rückwärts fliegen. Kolibris sind so in der Lage, Blüten genau anzusteuern und Nektar zu trinken.

Es gibt auch Vögel, die nicht fliegen können, wie z.B. Pinguine und der Vogel Strauß. Der Pinguin ist ganz an das Leben im Wasser angepasst. Er kann hervorragend schwimmen und tauchen.

Der Strauß mit einem Gewicht von ca. 150 kg ist zu schwer zum Fliegen. Er kann aber sehr schnell laufen – bis zu 72 km pro Stunde.

Vögel in Bewegung

Aufgabe:
- Lies den Informationstext aufmerksam durch.
- Ordne den Bildern die passenden Begriffe zu.

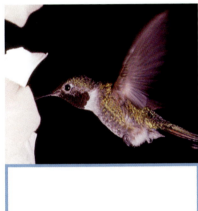

Ruderflug   Gleitflug   Segelflug   Rüttelflug

Schwirrflug   guter Taucher   schneller Läufer

Geparden – die schnellsten Landtiere

Geparde haben extrem lange, dünne Beine und einen sehr schlanken Körper, der dem eines Windhundes sehr ähnelt. Der Kopf ist klein und rund, der Schwanz lang. Die Pfoten tragen dicke, schuppige Sohlen. Dadurch rutscht er auf dem Untergrund nicht aus und kann sich gut abstoßen. Die Sohlen sind auch so unempfindlich, dass es ihm nicht weh tut, wenn er auf Steine oder Äste tritt. Aufgrund seines Körperbaus ist der Gepard das schnellste Landtier der Welt. Er erreicht im Lauf bis 112 km/h, kann diese hohe Geschwindigkeit aber nur etwa 400 m durchhalten. Der Körperbau des Gepards ist auch in weiteren Punkten auf Schnelligkeit ausgelegt: seine Nasengänge sind erheblich verbreitert, so dass er beim Laufen viel Luft einatmen kann. Auch die Lungen und Bronchien sind stark vergrößert. So werden seine Muskeln optimal mit Sauerstoff versorgt.

Obwohl der Gepard vom Kopf bis zur Schwanzspitze eine Länge von über 2 m erreichen kann und von den Pfoten bis zu den Schultern 80 cm groß wird, bringt er es nur auf ein Gewicht von 60 kg.

Mit dem kleinen Kopf und dem langen, schlanken Körper bietet er nur wenig Luftwiderstand, was das schnelle Rennen erleichtert.

Aufgaben für eine Präsentation unter www.nawi5-6.de

Information

Geparden – die schnellsten Landtiere

Geparde haben **extrem lange Beine** und einen **sehr schlanken Körper**, der dem eines Windhundes sehr ähnelt. Der **Kopf ist klein** und rund, **der Schwanz lang**. Die Pfoten tragen **dicke, schuppige Sohlen**. **Dadurch rutscht er auf dem Untergrund nicht aus und kann sich gut abstoßen. Die Sohlen sind auch so unempfindlich, dass es ihm nicht weh tut, wenn er auf Steine oder Äste tritt**. Aufgrund seines Körperbaus ist der Gepard das schnellste Landtier der Welt. Er erreicht im Lauf bis 112 km/h, kann diese hohe Geschwindigkeit aber nur etwa 400 m durchhalten. Der Körperbau des Gepards ist auch in weiteren Punkten auf Schnelligkeit ausgelegt: seine **Nasengänge sind erheblich verbreitert**, so **dass er beim Laufen viel Luft einatmen kann**. Auch die **Lungen und Bronchien sind stark vergrößert**. **So werden seine Muskeln optimal mit Sauerstoff versorgt**.

Obwohl der Gepard vom Kopf bis zur Schwanzspitze eine Länge von über 2 m erreichen kann und von den Pfoten bis zu den Schultern 80 cm groß wird, bringt er es **nur** auf ein Gewicht von **60 kg**.

Mit dem **kleinen Kopf** und dem langen, schlanken Körper bietet er nur **wenig Luftwiderstand**, was das schnelle Rennen erleichtert.

Aufgaben für eine Präsentation unter www.nawi5-6.de

Geparden – die schnellsten Landtiere

Aufgabe:

- ✓ Schneide das Bild aus und klebe es in dein Heft.
- ✓ Schneide die Textbausteine aus und klebe sie an die passenden Stellen auf der Abbildung.

> Mit den langen Beinen kann er große Schritte machen.

> Der Körper ist schlank und leicht.

> Der kleine Kopf bietet wenig Luftwiderstand.

> Der lange Schwanz ist wichtig zum Halten des Gleichgewichtes.

> Die dicken, schuppigen Sohlen sind unempfindlich. Mit ihnen kann sich der Gepard gut abstoßen und rutscht nicht aus.

> Durch die großen Nasengänge kann er beim Laufen viel Luft einatmen.

Information

Pflanzen in Bewegung

Pflanzenbewegungen durch chemische Reize

Auch bei Pflanzen gibt es verschiedene Bewegungen. Bei vielen fleischfressenden Pflanzen wird eine Bewegung durch einen sogenannten **chemischen Reiz** ausgelöst.

Was ist ein chemischer Reiz?

Chemische Reize nehmen wir z.B. mit unserer Nase oder mit der Zunge wahr. Wir riechen oder wir schmecken bestimmte Stoffe, die in unsere Nase oder auf unsere Zunge gelangen. Vielleicht kennt ihr das Spiel „Mund auf – Augen zu!". Dabei wird jemandem mit verbundenen Augen etwas zu Essen auf die Zunge gelegt, was er vorher nicht gesehen hat. Sofort merkt derjenige, ob es sich dabei um ein Stückchen Schokolade, eine Erdbeere, Kartoffelchips oder sonst etwas handelt. Seine Zunge reagiert auf den Stoff – es ist für sie ein chemischer Reiz.

So eine Wahrnehmung von chemischen Reizen ist auch bei einigen Pflanzen möglich.

So ist es zum Beispiel beim *Sonnentau*: Der Sonnentau ist eine fleischfressende Pflanze. Das Fangblatt des Sonnentaus ist mit Tentakeln besetzt. Diese Tentakel sehen aus wie Tautropfen. Wenn sich Insekten auf die Blätter des Sonnentaus setzen, um die vermeintlichen Tautropfen zu trinken, bleiben sie daran kleben. Die äußeren Tentakel **erkennen bestimmte Stoffe**, die ein Beutetier abgibt und biegen sich daraufhin zur Blattinnenseite. Das passiert, indem sich nur die Außenseite der Tentakel ausdehnt. Nun wird vom Blatt ein Verdauungssaft abgegeben. Ist das Beutetier verdaut, biegen sich die Tentakel wieder nach außen, indem sich nun die Innenseite ausdehnt.

Ein Insekt hat sich an den Tentakeln des Sonnentaublattes verfangen.

Die Tentakel des Blattes nehmen Stoffe wahr, die das Insekt ausströmt. Sie reagieren auf diesen Reiz und biegen sich nach innen.

Das Blatt hat sich eingerollt und gibt einen Verdauungssaft ab. Das erbeutete Insekt wird verdaut.

Aufgaben für eine Präsentation unter www.nawi5-6.de

Pflanzen in Bewegung

Pflanzenbewegungen durch Berührung

Es gibt auch Pflanzenbewegungen, die durch **Berührung** oder **Erschütterung** ausgelöst werden, zum Beispiel bei der **Mimose**.
Wenn man eine Mimose berührt, kann man beobachten, dass sich die Blätter innerhalb von Sekunden zusammenklappen und nach unten bewegen. Die Bewegung entsteht dadurch, dass sich der Druck in den Zellen der Blattgelenke verändert: Aus den Zellen an der Unterseite der Gelenke wird Zellsaft ausgepresst, die Zellen werden kleiner und die Unterseite zieht sich zusammen - das Blatt klappt nach unten. Wenn das Blatt wieder nach oben klappt, nehmen die Zellen wieder Zellsaft auf und werden so groß wie vorher.

Im ungereizten Zustand sind die Blätter der Mimose ausgebreitet.

Bei Berührung klappen die Blätter zusammen. Blattgelenke befinden sich sowohl an den gekennzeichneten Stellen als auch an jedem einzelnen Fiederblättchen.

Zellen am Blattgelenk einer Mimose

Hier sind die Zellen prall mit Zellsaft gefüllt. Das Blatt steht aufrecht und ist ausgebreitet.

Hier wurde Zellsaft aus den Zellen der Blattgelenke gepresst. Dadurch klappt das Blatt nach unten.

Weil Mimosen so empfindlich auf Berührung reagieren, werden sie im Englischen „Don`t touch me" genannt, was „Rühr mich nicht an" bedeutet. Auch sehr sensible Menschen werden deshalb manchmal als Mimose bezeichnet.

Aufgaben für eine Präsentation unter www.nawi5-6.de

Information

Pflanzen in Bewegung

Pflanzen mit einer inneren Uhr

Aufgerichtete Blätter der Bohnenpflanze am Tag

Abgesenkte Blätter der Bohnenpflanze in der Nacht

Manche Pflanzen, zum Beispiel Bohnenpflanzen, führen so genannte **Schlafbewegungen** aus. Abends senken sich die Blätter nach unten ab, morgens richten sie sich wieder auf. Diese Bewegungen treten immer zur gleichen Tageszeit auf. Wissenschaftler wollten herausfinden, ob diese Pflanzen auf die abnehmende Lichtstärke und das Absinken der Temperatur am Abend reagieren und setzten sie im Experiment einer Dauerbelichtung aus. Trotzdem führten die Pflanzen ihre Schlafbewegungen weiter zur gewohnten Zeit aus. Das deutet darauf hin, dass diese Pflanzen eine **innere Uhr** besitzen.

Wie können sich die Blätter bewegen?
Wie bei der Mimose, die auf Berührung und Erschütterungen reagiert, besitzen die Bohnenpflanzen **Blattgelenke**. Wenn aus den Zellen der Blattgelenke Zellsaft abgegeben wird, verringert sich der Druck im Blattgelenk und das Blatt senkt sich ab. Morgens nehmen die Zellen in den Blattgelenken wieder Zellsaft auf und der Druck im Blattgelenk steigt an. Daraufhin heben sich auch die Blätter der Bohnenpflanze wieder.

Warum führen die Bohnenpflanzen Schlafbewegungen aus?
Schon der Naturwissenschaftler Charles Darwin beobachtete die Schlafbewegungen der Bohnenpflanzen. Er vermutete, dass sich die Pflanzen nachts durch senkrechte Blätter vor Kälte schützen. Damit hatte er recht, denn man kann tatsächlich messen, dass senkrechte Blätter wärmer sind als waagerecht ausgebreitete. Tagsüber dagegen können die Pflanzen mit waagerecht stehenden Blättern mehr Sonnenlicht aufnehmen.

Aufgaben für eine Präsentation unter www.nawi5-6.de

Pflanzen in Bewegung

Pflanzenbewegung durch Temperaturänderung

Geschlossene Tulpenblüte   *Geöffnete Tulpenblüte*

Manche Pflanzen reagieren auf eine Änderung der Temperatur. So öffnen z.B. Tulpen, Krokusse und Gänseblümchen ihre Blüten morgens, wenn die Sonne aufgeht und es wärmer wird. Abends, wenn es kühler wird, schließen sich die Blüten wieder. Wenn man aber Tulpen im Frühjahr mit ins Haus nimmt und in eine Blumenvase stellt, so öffnen sich die Blüten im warmen Zimmer schnell und schließen sich abends nicht wieder.

Wie funktioniert die Pflanzenbewegung durch Temperaturänderung?
Wenn die Sonne morgens aufgeht, also die Temperatur zunimmt, öffnet sich die Tulpenblüte. Das geschieht dadurch, dass nur der untere Bereich der Innenseite des Blütenblattes wächst. Dadurch biegt sich das Blütenblatt nach außen. Wenn die Sonne abends untergeht, wird es kühler und die Blüte schließt sich. Dabei wächst nur der untere Teil der Außenseite des Blütenblattes und es biegt sich nach innen.
Die Blütenblätter werden durch das Öffnen der Blüte am Morgen und das Schließen der Blüte am Abend also Tag für Tag etwas größer.

Warum öffnen und schließen viele Pflanzen ihre Blüten?
In der Blüte befinden sich die Fortpflanzungsorgane der Pflanze, also der Fruchtknoten, der Griffel und die Narbe, sowie die Staubblätter. Damit Insekten die Blüten bestäuben können oder der Wind die Pollenkörner von einer Blüte zur nächste tragen kann, öffnen sich die Blüten tagsüber, wenn es warm genug ist. Nachts werden die empfindlichen Fortpflanzungsorgane in der geschlossenen Blüte vor Kälte geschützt.

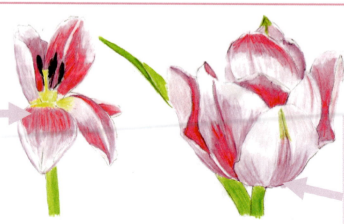

Hier wachsen die Blütenblätter der Tulpe, wenn sich die Blüte morgens öffnet.

Hier wachsen die Blütenblätter der Tulpe, wenn sich die Blüte abends schließt.

Aufgaben für eine Präsentation unter www.nawi5-6.de

Was macht der Körper mit der Luft?

Du brauchst:
- Standzylinder
- Glasdeckel
- Strohhalm
- Teelicht oder Kerzenstummel
- Draht
- Alu-Folie

Aufgabe:
- ✓ Befestige den Draht an dem Teelicht/Kerzenstummel.
- ✓ Lege etwas Alu-Folie auf den Boden des Zylinders, um Wachsflecken zu vermeiden.
- ✓ Senke das Teelicht langsam in den Standzylinder und beobachte.
- ✓ Nimm das Teelicht wieder heraus.
- ✓ Atme mit Hilfe eines Strohhalmes 20 Mal in den Standzylinder und decke dabei die Öffnung mit dem Glasdeckel soweit wie möglich ab.
- ✓ Senke das brennende Teelicht hinein und beobachte.

Was hast du beobachtet?

_____
_____
_____

Wie erklärst du deine Beobachtung?

_____
_____
_____

Was passiert, wenn Pflanzen Licht aufnehmen?

Du brauchst:
- 2 Erlenmeyerkolben
- 4-6 Zweige Wasserpest (je ca. 10 cm lang)
- kaltes Leitungswasser
- starke Lichtquelle (z.B. Overhead-Projektor)
- Karton

Aufgabe:
- ✓ Fülle die Erlenmeyerkolben zu 2/3 mit Wasser.
- ✓ Gib 2-3 Zweige Wasserpest in jeden Kolben.
- ✓ Fülle die Kolben nun bis zum Hals mit Wasser.
- ✓ Ein Erlenmeyerkolben wird vor eine starke Lichtquelle oder auf den Overheadprojektor gestellt.
- ✓ Der andere Erlenmeyerkolben wird in den dunklen Karton gestellt.

Was hast du beobachtet?

Zeichne und beschreibe!

_____
_____
_____
_____

Wie erklärst du deine Beobachtung?

_____
_____
_____

Wusstest du, dass Hefe lebt?

Information:

Wenn du schon einmal Hefekuchen gebacken hast, weißt du, wie Hefe aussieht, sich anfühlt und wie sie riecht. Aber wusstest du auch, dass Hefe lebt? Ein Würfel Hefe besteht aus vielen Millionen winziger Organismen, die alle nur aus einer einzigen Zelle bestehen. Die Hefe ist aber kein Tier und auch keine Pflanze. Sie gehört zu den Pilzen, obwohl sie gar nicht aussieht, wie die Pilze, die du kennst.

Hefe benutzt man nicht nur zum Backen, sondern auch um Wein und Bier zu brauen.

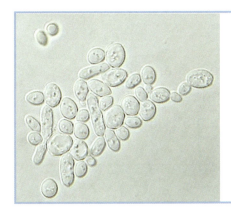

☞ So sieht Hefe unter dem Mikroskop aus.

☞ Wenn Hefe aber wirklich lebt, muss sie ja auch alle Kennzeichen des Lebens besitzen.

☞ Mit dem folgenden Versuch kannst du herausfinden, ob Hefe einen **Stoffwechsel** hat.

Du brauchst:

Erlenmeyerkolben
kleines Becherglas
Rührstab
10g Traubenzucker
10g Bäckerhefe
100ml Wasser (35°c)
Gäraufsatz
Wasserbad (40°C)
Thermometer
Kalkwasser

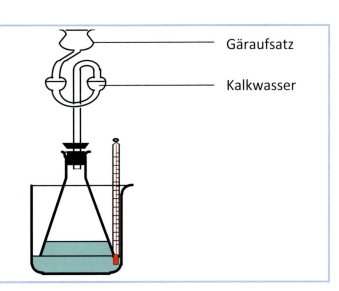

Aufgabe:
- ✓ Miss die Temperatur des Wasserbades und stelle sie auf 40°C ein.
- ✓ Fülle den Gäraufsatz mit Kalkwasser, so dass die beiden Kugeln etwa zu 2/3 gefüllt sind.
- ✓ Schlemme die Hefe in dem kleinen Becherglas mit etwas Wasser (35°C) auf.
- ✓ Gib 100ml Wasser (35°C) und 10g Traubenzucker in den Erlenmeyerkolben.
- ✓ Gib die Hefe dazu und verschließe mit dem Gäraufsatz.
- ✓ Stelle den Erlenmeyerkolben in das Wasserbad.

☞ Fertige eine Versuchsskizze im Ordner an und schreibe deine Beobachtungen auf.

Atmen Pflanzen auch?

Du brauchst:
- Standzylinder
- Glasdeckel mit Schliff
- 25 Löwenzahnblüten
- Kerze, Streichhölzer
- Draht

Aufgabe 1:
- ✓ Fülle 25 frische Löwenzahnblüten in den Standzylinder.
- ✓ Befestige die Kerze am Draht und zünde sie an.
- ✓ Schiebe die brennende Kerze in den Standzylinder.

Beobachtung: _____

_____

Aufgabe 2:
- ✓ Ziehe die Kerze wieder aus dem Standzylinder.
- ✓ Lasse den Standzylinder noch 5 Minuten offen stehen, damit frische Luft hineingelangt. Verschließe ihn dann mit dem Glasdeckel und lasse ihn über Nacht stehen.
- ✓ Wiederhole am nächsten Morgen das Experiment mit der brennenden Kerze.

Beobachtung: _____

_____

Wie erklärst du deine Beobachtung?

_____

_____

_____

Zeitreise in die Steinzeit

Ich nehme euch nun mit auf eine Zeitreise.

Dazu musst du ruhig werden... Entspanne dich und atme locker ein... und aus... und ein...und aus. Du schließt die Augen und lauschst der Musik. Du folgst der Geschichte, die du nun hörst. Wir reisen in die Vergangenheit 100 Jahre, 1000 Jahre, 10000 Jahre und kommen in der Steinzeit an...

Dicht aneinandergedrängt siehst du Menschen, die in einer Höhle sitzen. Sie blicken furchtsam nach draußen, wo ein gewaltiges Gewitter niedergeht. Auf einmal ein Donnerschlag- du zuckst zusammen. Die Serie von Blitzen will kein Ende nehmen. Auf einmal ist ein lautes Krachen wahrzunehmen. Du siehst wie ein Baum getroffen wurde, der sofort lichterloh in Flammen steht. Die Umgebung ist in ein gespenstisches Licht getaucht. Auch die Gesichter der verängstigten Menschen in der Höhle werden angestrahlt. Plötzlich läuft ein mutiger Jäger auf den brennenden Baum zu. Du starrst ihm verwundert hinterher. Was hat er vor?

Neugierig läufst du ihm nach. Ihr begebt euch ganz nahe an das Feuer. Du merkst, dass die Flammen eine gewaltige Hitze ausstrahlen. Der Jäger greift nach einem Ast, der nur an der Spitze brennt und läuft zurück zur Höhle. Die Menschen kennen die Wirkung von Feuer anscheinend noch nicht, denn ein Mann will die Flammen berühren. Mit einem Aufschrei zieht er seine Hand sofort wieder zurück. Nachdem einige Frauen bemerkt haben, wie gemütlich die sonst kalte Höhle in der wohligen Wärme erstrahlt, laufen sie ebenfalls zu dem brennenden Baum, um weitere Äste zu holen.

Das Feuer wird immer größer. Du bemerkst, dass du den Rauch riechen kannst und ärgerst dich, dass deine Kleidung sicherlich den Geruch annehmen wird.

Trotzdem findest du es angenehm, denn in der einbrechenden Dunkelheit ist es hell. Du hörst das Knistern und Knacken des brennenden Holzes.

Doch plötzlich... siehst du einen riesengroßen Schatten... es scheint ein Tier zu sein und zwar- oh je- ein Bär!

Er kommt langsam auf euch zu... auf einmal nimmt ein Mann aus der Gruppe einen brennenden Ast aus dem Feuer und streckt ihn dem Bären entgegen. Der Bär läuft erschrocken fort.

Du erholst dich langsam von dem Schock und bekommst Appetit.

Du nimmst dir ein Stückchen Hirschfleisch, welches die Jäger zuvor erlegt haben. Auch die anderen Menschen beginnen zu essen- aber igitt- die essen das Fleisch roh. Du hast eine bessere Idee und spießt das Stückchen Fleisch mit einem Knochen auf, um es anschließend im Feuer zu braten. Dir läuft schon das Wasser im Mund zusammen, denn es riecht hervorragend nach gebratenem Fleisch. Als das Fleisch ganz braun ist, isst du es. Es schmeckt dir sehr gut.

Die anderen Menschen in der Höhle machen es dir nach und geben schmatzende Geräusche von sich- anscheinend schmeckt ihnen das Fleisch gebraten auch besser.

Das Feuer bietet wirklich viele Vorteile. Die Menschen in der Höhle wissen nun, wozu man Feuer verwenden kann. Du würdest ihnen gerne noch zeigen, wie sie Feuer selbst herstellen können- aber da verblasst plötzlich deine Umgebung... die Höhle verschwindet langsam, noch bevor du es erklären kannst...

Du kommst wieder im Klassenzimmer an. Du öffnest langsam deine Augen, gewöhnst dich wieder an deine Umgebung. Unsere Zeitreise ist hier zu Ende.

Zeitreise in die Steinzeit

Ich nehme euch nun mit auf eine Zeitreise.

Dazu musst du ruhig werden… Entspanne dich und atme locker ein… und aus… und ein…und aus. Du schließt die Augen und lauschst der Musik. Du folgst der Geschichte, die du nun hörst. Wir reisen in die Vergangenheit 100 Jahre, 1000 Jahre, 10000 Jahre und kommen in der Steinzeit an…

Dicht aneinandergedrängt siehst du Menschen, die in einer Höhle sitzen. Sie blicken furchtsam nach draußen, wo ein gewaltiges Gewitter niedergeht. Auf einmal ein Donnerschlag- du zuckst zusammen. Die Serie von Blitzen will kein Ende nehmen. Auf einmal ist ein lautes Krachen wahrzunehmen. Du siehst wie ein Baum getroffen wurde, der sofort lichterloh in Flammen steht. Die Umgebung ist in ein gespenstisches Licht getaucht. Auch die Gesichter der verängstigten Menschen in der Höhle werden angestrahlt. Plötzlich läuft ein mutiger Jäger auf den brennenden Baum zu. Du starrst ihm verwundert hinterher. Was hat er vor?

Neugierig läufst du ihm nach. Ihr begebt euch ganz nahe an das Feuer. Du merkst, dass die Flammen eine gewaltige Hitze ausstrahlen. Der Jäger greift nach einem Ast, der nur an der Spitze brennt und läuft zurück zur Höhle. Die Menschen kennen die Wirkung von Feuer anscheinend noch nicht, denn ein Mann will die Flammen berühren. Mit einem Aufschrei zieht er seine Hand sofort wieder zurück. Nachdem einige Frauen bemerkt haben, wie gemütlich die sonst kalte Höhle in der wohligen Wärme erstrahlt, laufen sie ebenfalls zu dem brennenden Baum, um weitere Äste zu holen.

Das Feuer wird immer größer. Du bemerkst, dass du den Rauch riechen kannst und ärgerst dich, dass deine Kleidung sicherlich den Geruch annehmen wird.

Trotzdem findest du es angenehm, denn in der einbrechenden Dunkelheit ist es hell. Du hörst das Knistern und Knacken des brennenden Holzes.

Doch plötzlich… siehst du einen riesengroßen Schatten… es scheint ein Tier zu sein und zwar- oh je- ein Bär!

Er kommt langsam auf euch zu… auf einmal nimmt ein Mann aus der Gruppe einen brennenden Ast aus dem Feuer und streckt ihn dem Bären entgegen. Der Bär läuft erschrocken fort.

Du erholst dich langsam von dem Schock und bekommst Appetit.

Du nimmst dir ein Stückchen Hirschfleisch, welches die Jäger zuvor erlegt haben. Auch die anderen Menschen beginnen zu essen- aber igitt- die essen das Fleisch roh. Du hast eine bessere Idee und spießt das Stückchen Fleisch mit einem Knochen auf, um es anschließend im Feuer zu braten. Dir läuft schon das Wasser im Mund zusammen, denn es riecht hervorragend nach gebratenem Fleisch. Als das Fleisch ganz braun ist, isst du es. Es schmeckt dir sehr gut.

Die anderen Menschen in der Höhle machen es dir nach und geben schmatzende Geräusche von sich- anscheinend schmeckt ihnen das Fleisch gebraten auch besser.

Das Feuer bietet wirklich viele Vorteile. Die Menschen in der Höhle wissen nun, wozu man Feuer verwenden kann. Du würdest ihnen gerne noch zeigen, wie sie Feuer selbst herstellen können- aber da verblasst plötzlich deine Umgebung… die Höhle verschwindet langsam, noch bevor du es erklären kannst…

Du kommst wieder im Klassenzimmer an. Du öffnest langsam deine Augen, gewöhnst dich wieder an deine Umgebung. Unsere Zeitreise ist hier zu Ende.

Warum ist Reizbarkeit so wichtig?

Aufgabe:
- ✓ Zähle auf, was die Menschen in der Steinzeit alles wahrgenommen haben.
- ✓ Welche Sinne haben sie dafür gebraucht?
- ✓ Wie haben sie darauf reagiert?

- ✓ **Ergänze die Tabelle**

Wahrnehmung:	Sinn:	Reaktion:
Donnerschlag	Gehör (Ohr)	Zusammenzucken

Information

Die Epochen der Erdgeschichte

Sternzeit (Entstehung der Erde) und Urzeit

Wissenschaftler vermuten, dass die Erde vor mehr als 4,5 Milliarden Jahren entstand. Man geht davon aus, dass es in der ersten Milliarde von Jahren noch kein Leben auf der Erde gab. Die Erde war zunächst eine glühend heiße Kugel. Innerhalb von Millionen Jahren kühlte sie etwas ab und die zunächst flüssige Oberfläche der Erde erstarrte. Es bildete sich allmählich eine feste Erdkruste. Die Erde wurde in dieser Zeit von unzähligen Meteoriteneinschlägen und von heftigen Vulkanausbrüchen erschüttert. Sie war noch so heiß, dass es kein flüssiges Wasser gab. Alles Wasser auf der Erde war damals als heißer Wasserdampf in der Atmosphäre.

In den nächsten Millionen Jahren kühlte sich die Erdoberfläche weiter ab. Auch der heiße Wasserdampf kühlte sich ab. Es bildeten sich Wolken und schließlich gab es Jahrtausende mit heftigen Gewittern und gewaltigem „Urregen", der die Erdoberfläche mit Wasser füllte. So entstand das Urmeer.

Als die heiße Erde eine feste Erdkruste bildete, wurde sie von heftigen Vulkanausbrüchen erschüttert.

Als die Erde sich weiter abkühlte, gab es heftige Gewitter und gewaltigen Urregen.

Präkambrium (vor 3,8 Milliarden Jahren bis vor 543 Millionen Jahren)

Bakterien

Blaualgen

Algen

Quallen

Korallen

Vermutlich entstanden vor etwa 3,8 Milliarden Jahren erste Lebensformen. Es waren einfach gebaute Bakterien. Erst 600 Millionen Jahre später entstanden die ersten Blaualgen. Sie konnten durch Fotosynthese Nährstoffe herstellen. Dabei wurde Sauerstoff frei, den es vorher in der Atmosphäre nicht gab. Über Jahrmillionen bildeten sie so viel Sauerstoff, dass in der oberen Atmosphäre die Ozonschicht entstand. Dadurch wurde die gefährliche UV-Strahlung von unserer Erde abgehalten. Jetzt waren Lebensbedingungen geschaffen, die die Entwicklung einer Vielzahl von Lebewesen ermöglichte: Temperaturen nicht über 50° Celsius, eine schützende Atmosphäre mit Sauerstoff, Wasser und Nährstoffe.
Zum Ende des Präkambriums gab es unter anderem bereits Algen, Quallen, Korallen, Seefedern und Schwämme.

Kambrium (vor 543 – 490 Millionen Jahren)

In dieser Zeit entwickelten sich alle Stämme der wirbellosen Tiere. So findet man z.B. viele versteinerte Trilobiten aus dieser Zeit. Das sind ausgestorbene Vorfahren der heutigen Spinnen- und Krebstiere. Auch die ersten Schnecken, Muscheln, Ringelwürmer und Seeigel stammen aus dieser Zeit. Alle Lebewesen des Kambriums lebten im Wasser.

Trilobit   Ringelwurm   Muschel

Karten zu den einzelnen Epochen unter www.nawi5-6.de

Ordovizium (vor 490 – 445 Millionen Jahren)

In dieser Epoche entstanden bereits die Vorfahren der heutigen Wirbeltiere. Es waren mit Knochenplatten gepanzerte, kieferlose Fische. Viele verschiedene Kopffüßer – die Vorfahren der heutigen Tintenfische – lebten damals.

Panzerfisch

Silur (vor 445 – 415 Millionen Jahren)

In dieser Epoche ereignete sich ein Meilenstein in der Geschichte des Lebens: Bislang gab es nur Leben im Wasser. Jetzt eroberten die ersten Pflanzen das Land. Es waren einfach gebaute Pflanzen wie Nacktfarne, Moose und Flechten, die noch keine echten Wurzeln und Blätter besaßen. Als erste Landtiere folgten ihnen vermutlich Skorpione und Tausendfüßer.

Kopffüßer

Skorpion

Devon (vor 415 – 360 Millionen Jahren)

Neben zahlreichen Meerwasser- und Süßwasserfischen traten damals auch Quastenflosser auf. Man nimmt an, dass diese Fische die Vorfahren der Landwirbeltiere waren. Die ersten Amphibien wie der Urlurch *Ichtyostega* sowie erste geflügelte Insekten und die ersten Bäume lebten bereits zu dieser Zeit.

Tausendfüßer

Quastenflosser

Karbon (vor 360 – 300 Millionen Jahren)

Dieses Zeitalter war geprägt von Sumpfwäldern aus Schachtelhalmen, Farnen und Bärlappgewächsen. Neben zahlreichen Amphibien traten die ersten Reptilien und die ersten Landschnecken auf. Große Insekten, wie die Riesenlibelle bevölkerten die Erde.

Unsere heutigen Steinkohlevorkommen sind aus abgestorbenen Wäldern des Karbon entstanden.

Urlurch

Riesenlibelle

Perm (vor 300 – 250 Millionen Jahren)

In diesem Zeitalter entstanden zahlreiche Reptilienarten, die weite Lebensräume besiedelten. Die Entwicklung der Saurier, die auch zur Klasse der Reptilien gehören, begann im Perm. So trat z.B. der Kammsaurier erstmals in dieser Epoche auf. Im Perm lebten die letzten Trilobiten. Am Ende dieses Zeitalters gab es ein Massenaussterben.

Kammsaurier

Trias (vor 250 – 200 Millionen Jahren)

Während des Trias breiteten sich die Nadelbäume stark aus. Die Reptilien, darunter zahlreiche Dinosaurier, besiedelten alle Lebensräume. Daneben traten die ersten Säugetiere auf. Innerhalb der Insekten entwickelte sich ein großer Formenreichtum an Schmetterlingen.

Dinosaurier

Schmetterling

Jura (vor 200 – 145 Millionen Jahren)

Die Dinosaurier entwickelten sich zu den größten Landwirbeltieren aller Zeiten. Der Luftraum wurde von Flugsauriern beherrscht. Unter den Insekten entwickelten sich viele neue Arten und der erste Vogel, der Urvogel *Archaeopteryx,* trat auf, während im Meer außer den Fischen, Muscheln, Tintenfischen, Krebsen und zahlreichen weiteren Meerstieren die Fischsaurier lebten. Als einer der ersten Laubbäume entstand der noch heute existierende Ginkgobaum.

Urvogel

Ginkgo

Karten zu den einzelnen Epochen unter www.nawi5-6.de

Entenschnabelsaurier

Kreide (vor 145 – 65 Millionen Jahren)

Zu Beginn der Kreidezeit herrschten noch immer die Saurier als Tiergruppe vor. So lebte damals unter anderem der Entenschnabelsaurier. Am Ende der Kreidezeit starben die Saurier allerdings in einem großen Massensterben aus. Unterdessen entwickelten sich die Vögel und die Säugetiere weiter. Es gab Beuteltiere, die heute nur noch in Australien überlebt haben, sowie Halbaffen und Insektenfresser. Unter den Pflanzen entwickelte sich ein großer Formenreichtum: Viele Laubbäume und Blütenpflanzen entstanden.

Urpferdchen

Säbelzahntiger

Tertiär (vor 65 – 2,6 Millionen Jahren)

Mit dem Tertiär begann die Erdneuzeit. Die Ordnungen der heutigen Säugetiere entstanden. Das Urpferd und der Säbelzahntiger lebten in dieser Epoche. Auch die Vögel entfalteten sich zu großem Formenreichtum und die Blütenpflanzen eroberten weiter das Land. Zum Ende des Tertiär begann die Entstehung des Menschen.

Mammut

Quartär (seit 2,6 Millionen Jahren)

Das Quartär ist die Epoche, in der die Menschen sich entwickelten und durch ihr besonders strukturiertes Gehirn die Vorherrschaft auf der Erde erlangten. Warm- und Eiszeiten wechselten sich ab. Viele Großsäuger, wie z.B. das Mammut sind während der Eiszeit ausgestorben.

Aufgabe:

Nachdem du die Informationen über die Epochen der Erdgeschichte gründlich gelesen hast, suche dir eine Epoche heraus, die dich besonders interessiert.

Übe einen „**Minivortrag**", in dem du deinen Klassenkameraden **in wenigen Sätzen** über deine „Lieblingsepoche" berichtest.

Du solltest...

- den Namen und den Zeitraum der Epoche nennen,
- welche Tiere und Pflanzen damals lebten,
- welche besonderen Ereignisse in dieser Epoche stattfanden.

Dein Vortrag sollte so kurz sein, dass du frei ohne Karteikarten sprechen kannst.

Frage deine Lehrerin, ob sie dir Abbildungen der Tiere oder Pflanzen zur Verfügung stellen kann.

Sprich laut genug und deutlich und sieh deine Zuhörer dabei an.

Karten zu den einzelnen Epochen unter www.nawi5-6.de

Was sind die Voraussetzungen für das Leben?

Information:

Aus dem Weltall betrachtet sieht unsere Erde blau aus, ganz anders als alle anderen Planeten. Es sind unsere Ozeane, die große Teile der Erdoberfläche bedecken. Wenn man näher heranfliegt, erkennt man, dass Teile der Erde durch unsere Pflanzenwelt grün sind. Die grünen Pflanzen können etwas ganz besonderes, das uns allen das Leben auf der Erde ermöglicht: Sie können mit Hilfe ihrer Blätter die Energie der Sonne aufnehmen und für den Aufbau von Nährstoffen nutzen. Das können nur Pflanzen. Deshalb müssen sie nichts essen.

Sie können aus **Wasser** und **Kohlenstoffdioxid** mit Hilfe des **Sonnenlicht**es **Nährstoffe** selbst herstellen. Alle anderen Lebewesen müssen Nahrung zu sich nehmen, um ihren Energiebedarf zu decken. Pflanzen bilden somit die Nahrungsgrundlage für alle anderen Lebewesen.

Abbildung 1

Abbildung 2

Abbildung 3

Aufgabe:

✓ Schreibe zu jedem Bild einen erklärenden Satz.

Abbildung 1: _____

_____

Abbildung 2: _____

_____

Abbildung 3: _____

_____

Abbildung 4

Aufgabe:

✓ Überlege, was die Abbildung 4 aussagen soll und schreibe eine Erklärung dazu auf.

_____

_____

Was sind die Voraussetzungen für das Leben?

Information:

Wusstest du, dass du zu etwa 60% aus Wasser bestehst? Alle deine Körperzellen und auch dein Blut enthalten Wasser. Ansonsten wäre das Blut nicht flüssig und es wäre kein Kreislauf möglich. Dann könnten die Nährstoffe und der Sauerstoff nicht transportiert werden. Abbauprodukte und für den Körper giftige Stoffe werden über die Nieren ausgeschieden. Unser Urin ist nichts anderes als Wasser mit darin gelösten Stoffen, die der Körper loswerden will. Außerdem reguliert Wasser unsere Körpertemperatur: Vor allem das Schwitzen trägt dazu bei, die Körpertemperatur auf konstanten 37°C zu halten, unabhängig davon, wie kalt oder warm es außerhalb des Körpers ist. Da man ständig Wasser ausscheidet, muss man genügend Wasser wieder aufnehmen. Darum können Menschen auch nur wenige Tage ohne Wasser überleben. Ebenso abhängig vom Wasser sind Tiere und Pflanzen. Ein großer Laubbaum benötigt sogar 100 Liter Wasser an einem Tag.

Nun ist klar: Ohne Wasser kann es kein Leben geben. Es ist bislang kein Planet außer der Erde bekannt, auf dem es auf der Oberfläche in größeren Mengen flüssiges Wasser gibt.

Aufgaben:

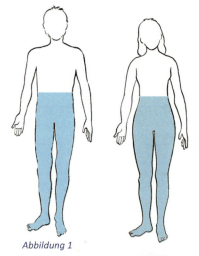

Abbildung 1

- ✓ Schreibe eine Erklärung zu Abbildung 1.

  _____
  _____
  _____
  _____

Abbildung 2

- ✓ Zähle auf, wofür wir Wasser benötigen.

  _____
  _____
  _____
  _____
  _____

Geheimschrift!
Ahnst du, was dieser rätselhafte Satz bedeutet?

enhO ressaW niek nebeL

_____

Information
Was sind die Voraussetzungen für das Leben?

Ein Mensch kann notfalls wochenlang auf Nahrung verzichten und immerhin drei Tage ohne Wasser auskommen. Aber ohne Luft kann der Mensch nur wenige Minuten überleben.
Es ist der in der Atemluft enthaltene **Sauerstoff**, der für unseren Körper lebensnotwendig ist.

Warum ist Sauerstoff lebensnotwendig?
Wenn wir einatmen, gelangt die Luft in unsere Lungen. Dort passiert folgendes: Der Sauerstoff aus der Luft gelangt in feine Adern und wird vom vorbeiströmenden Blut aufgenommen.
Das Blut fließt weiter zum Herzen und von dort durch den ganzen Körper. Nach und nach wird der Sauerstoff nun an alle Zellen des Körpers verteilt.

Taucher benötigen unter Wasser Sauerstoffflaschen, um atmen zu können.

Wofür benötigen die Zellen Sauerstoff?
Alle Körperzellen benötigen zum Leben **Energie**. Diese Energie ist in der **Nahrung**, die wir essen, enthalten. Wenn die Nahrung verdaut wird, gelangen die Nährstoffe vom Darm in das Blut. Genau wie den Sauerstoff, transportiert das Blut auch die Nährstoffe zu den einzelnen Körperzellen.
Der Sauerstoff reagiert in den Körperzellen mit den Nährstoffen und bei dieser Reaktion wird die lebenswichtige Energie frei.
Bei dieser Reaktion entsteht Kohlenstoffdioxid. Es wird mit dem Blut zu den Lungen transportiert und dort ausgeatmet.

Gasförmiger Sauerstoff ist nicht nur in der Luft vorhanden, sondern auch gelöst im Wasser. Fische können ihn mit ihren Kiemen einatmen. Menschen und Landwirbeltiere können mit ihren Lungen unter Wasser nicht atmen.

Fast alle Lebewesen benötigen Sauerstoff zum Leben. Nur einige Bakterienarten leben ohne Sauerstoff.

Warum reicht der Sauerstoff für alle?
Da alle Lebewesen Sauerstoff brauchen, könnte man annehmen, dass irgendwann der gesamte Sauerstoff verbraucht wäre. Das ist zum Glück nicht der Fall, denn die Pflanzen nehmen Kohlenstoffdioxid auf und produzieren immer wieder neuen Sauerstoff. Dadurch ist immer genug Sauerstoff in der Luft. In der Natur befindet sich der Sauerstoff also in einem endlosen Kreislauf.

*Pflanzen können etwas Einzigartiges: Sie nutzen das **Sonnenlicht**, um aus **Kohlenstoffdioxid** und **Wasser Nährstoffe** aufzubauen. Diesen Vorgang nennt man **Fotosynthese**. Bei der Fotosynthese entsteht außerdem **Sauerstoff**. **Pflanzen liefern uns also Nährstoffe und Sauerstoff. Ohne sie könnten wir nicht leben.***

Aufgabe
Was sind die Voraussetzungen für das Leben?

Ergänze die Texte zu den Abbildungen.

In unseren Lungen _____
_____
_____
_____
_____

Mit seinen Kiemen _____
_____
_____
_____
_____
_____

Die grünen Pflanzen _____
_____
_____
_____
_____
_____

Mit dem Blut gelangen die _____ *aus der Nahrung und der eingeatmete* _____ *zu allen Körperzellen. Dort* _____ *die Nährstoffe mit dem Sauerstoff. Bei dieser Reaktion wird* _____ *frei, die die Zelle zum* _____ *braucht. Fast alle Lebewesen auf der Erde sind auf Sauerstoff* _____ .

| Energie | angewiesen | Nährstoffe | reagieren | Sauerstoff | Leben |

Information

Was sind die Voraussetzungen für das Leben?

Wenn es sehr kalt ist, fängt man an zu frieren. Der Körper beginnt als Reflex zu zittern. Wenn man zu lange der Kälte ausgesetzt ist, kann man sogar erfrieren. Aber auch zu starke Wärme, führt dazu, dass unser Körper reagiert. Wir beginnen zu schwitzen. Wenn es jedoch zu heiß wird, kann unser Körper die Überhitzung durch Schwitzen nicht mehr ausgleichen. Es gibt also einen bestimmten Temperaturbereich, in dem wir leben können. Dieser ist nicht bei allen Lebewesen gleich. Allerdings können extreme Hitze und Kälte über einen längeren Zeitraum von keinem Lebewesen ertragen werden.

Die Sonne – ein Stern der Leben spendet

Trotz ihrer Entfernung von etwa 150 Millionen Kilometern, ist die Sonne für das Leben auf der Erde von größter Bedeutung. Sie ist in ihrem Inneren 15 Millionen °Celsius heiß und auf ihrer Oberfläche sind es immerhin noch 6000 °Celsius. Die Sonnenenergie wird in den Weltraum abgestrahlt und erreicht so auch unsere weit entfernte Erde. Mit ihrer Strahlung liefert die Sonne der Erde die Wärme, ohne die es kein Leben geben kann.

Könnten wir auch auf dem Mond leben?

Auch der Mond wird von der Sonne angestrahlt. Darum können wir ihn ja nachts sehen. Trotzdem könnten wir dort nicht leben, selbst wenn wir Sauerstoff, Nahrung und Wasser mitnehmen würden.

Die Oberfläche des Mondes ist nämlich extremen Temperaturschwankungen ausgesetzt. Auf der Tagseite kann die Oberfläche aus fein gemahlenem Gestein Temperaturen bis zu 130 Grad Celsius erreichen. Auf der Nachtseite hingegen ist es selbst am Äquator bis zu minus 160 Grad kalt. Diese Temperaturschwankungen könnte kein Lebewesen ertragen.

Die Erde – der Ort des Lebens

Auch auf der Erde gibt es Temperaturschwankungen. Sie sind aber längst nicht so extrem, wie auf dem Mond. Das liegt daran, dass die Erde eine Atmosphäre hat. Das ist die Lufthülle der Erde. Sie sorgt für einen Temperaturausgleich. Auch auf der Erde wäre es ohne eine Atmosphäre unerträglich heiß oder kalt. Es gäbe kein Klima und kein Wetter. Die Atmosphäre schützt uns außerdem vor dem Einfall gesundheitsschädlicher UV-Strahlung.

Ergänze:

Ohne die Sonne gäbe es kein Leben auf der Erde, denn _____

_____

Auf dem Mond könnten wir nicht leben, weil _____

_____

Auf der Erde herrschen gute Bedingungen für das Leben weil _____

_____

Wie alt werden Lebewesen?

Schneide die Namen und die Jahreszahlen aus.

Ordne den Lebewesen ihre Namen zu und schätze, wie alt sie werden können.

Pferd	Goldhamster	Zwerggrundel
10000 Jahre	Meerschweinchen	Mensch
59 Tage	16 – 24 Tage	Stubenfliege
122 Jahre	50 Jahre	Efeu
70 Jahre	1800 Jahre	Langlebige Kiefer
300 Jahre	7 – 8 Jahre	Rotbuche
400 Jahre	4700 Jahre	Orang-Utan
46 Jahre	2 – 3 Jahre	Riesenschwamm

Eibe

Elefant

Die Zwerggrundel

Die Zwerggrundel ist ein kleiner, kaum 2 cm langer Fisch, der in weiten Teilen des Pazifik verbreitet lebt. Sein Dasein ist nur sehr kurz: Gerade einmal 59 Tage kann eine Zwerggrundel alt werden, wenn sie nicht bereits vorher von Raubfischen gefressen wird.
Es gibt kein anderes Wirbeltier mit so einer kurzen Lebensspanne.
Dafür geht im Leben der Zwerggrundel alles ganz schnell: Bis zu dreimal in ihrem kurzen Leben kann ein Zwerggrundel-Weibchen Eier legen – jedes Mal an die 400 Stück.
Aus den winzigen Eiern schlüpfen Larven, die ihre ersten drei Lebenswochen im offenen Ozean verbringen. Dann lassen sie sich in einem Korallenriff nieder und wachsen dort zu fortpflanzungsfähigen Erwachsenen heran.
Nun muss alles besonders schnell gehen, denn den kleinen Fischen bleiben gerade einmal 25 Tage, um für Nachkommen zu sorgen.
Während das Weibchen für die Eiablage zuständig ist, verteidigt das Männchen die Brut mit großer Energie gegen mögliche Fressfeinde.
Nach maximal 59 Tagen neigt sich das Zwerggrundel-Leben schließlich seinem Ende zu. Doch dieses Alter erreichen nur die wenigsten Exemplare. Denn der kleine Fisch wird unter anderem von den Raubfischen des Korallenriffs sehr geschätzt. Da den Tieren ständig ein früher Tod droht, sind sie gezwungen, sich in kürzester Zeit zu entwickeln und die für den Arterhalt notwendige Anzahl an Nachkommen zu produzieren. Sie müssen also schnell und intensiv leben. Der Zwerggrundel gelingt dies offenbar recht gut. Denn trotz aller Gefahren, die ihn umlauern, ist dieser kurzlebige kleine Fisch in weiten Teilen des Pazifik anzutreffen. Und es gibt bislang keine Anzeichen, dass sich dies in naher Zukunft ändern könnte.

Informiere deine Klasse über die Zwerggrundel.

Mache dir dafür auf kleinen Karten Notizen.

Du solltest z.B. darüber berichten,

- ✓ wo die Zwerggrundel lebt,
- ✓ wie alt die Zwerggrundel wird,
- ✓ wie die Zwerggrundel aussieht, und wie groß sie wird,
- ✓ wie das Leben der Zwerggrundel verläuft,
- ✓ wodurch die Zwerggrundel bedroht wird und wie sie das Leben trotzdem meistert.

Information

Jeanne Calment – die älteste Frau aller Zeiten

Wie alt können Menschen werden? Bei dieser Frage muss man zwischen zwei Begriffen unterscheiden: Der **durchschnittlichen Lebenserwartung** und der **maximalen Lebensspanne**.

Die durchschnittliche Lebenserwartung liegt in Deutschland bei etwa 80 Jahren. Das bedeutet aber nicht, dass alle Deutschen 80 Jahre alt werden. Manche Menschen sterben früher und andere werden wesentlich älter als 80 Jahre.

Deutschland gehört zu den Ländern mit der höchsten durchschnittlichen Lebenserwartung auf der Welt. Das liegt daran, dass die Lebensbedingungen hier sehr gut sind: Es herrscht keine Hungersnot und kein Krieg und die medizinische Versorgung ist sehr gut.

In vielen Ländern der Erde ist die durchschnittliche Lebenserwartung viel niedriger. So gibt es Länder in Afrika, in denen die durchschnittliche Lebenserwartung unter 35 Jahren liegt, weil dort Krieg herrscht und die Menschen hungern und medizinisch kaum versorgt werden.

Jeanne Calment im Alter von 20 Jahren

Die maximale Lebensspanne gibt an, wie alt Menschen **höchstens** werden können.

Bislang gilt die Französin Jeanne Louise Calment als ältester Mensch aller Zeiten. Sie wurde 1875 geboren und starb 1997 im Alter von 122 Jahren. Möglicherweise gibt es noch weitere Menschen, die ebenso alt geworden sind, aber Jeanne Louise Calment ist die einzige, bei der dieses hohe Alter wirklich wissenschaftlich belegt werden konnte.

Sie und ihr Mann waren vermögend und so musste sie nicht hart arbeiten sondern konnte ein geruhsames Leben führen. Ihre Hobbies waren z.B. Radfahren, Schwimmen, Tennis, Rollschuhlaufen und Klavierspielen. Sie lernte noch im Alter von 85 Jahren das Fechten und fuhr noch als 100-Jährige Fahrrad. Außerdem achtete sie auf eine gesunde Ernährung mit viel Gemüse.

Informiere deine Klasse darüber, wie alt Menschen werden können

Mache dir dafür auf kleinen Karten Notizen.

Du solltest z.B. darüber berichten,

- ✓ was man unter der *durchschnittlichen Lebenserwartung* versteht,
- ✓ was die *maximale Lebensspanne* bedeutet,
- ✓ wer als ältester Mensch aller Zeiten gilt,
- ✓ wie Jeanne Louise Calment gelebt hat,
- ✓ welche Faktoren ein langes Leben begünstigen.

> Information

Efeu – eine Pflanze, die sehr alt werden kann

Der Efeu (*Hedera helix*) ist der einzige einheimische **Wurzelkletterer**. Durch **Haftwurzeln** kann Efeu an Mauern und Bäumen bis zu 20 Meter hochklettern. Fehlen Mauern oder Bäume, so überwuchert er den Boden flächendeckend. Efeu kann bis zu 400 Jahre alt werden. Er ist immergrün, das heißt, er verliert im Winter seine Blätter nicht und er ist frosthart.

Der Efeu bildet zwei verschiedene Spross- und Blattformen aus:

Im **Jugendstadium** bildet der Efeu Kriechsprosse mit Haftwurzeln aus, die **drei- bis fünflappige Blätter** tragen.

Im **Erwachsenenstadium**, ab einem Alter von ca. 20 Jahren, bildet der Efeu aufrecht wachsende Blühsprosse aus, die einfache, ungeteilte Blätter tragen.

In den Monaten September bis Oktober erscheinen an ihnen kleine gelbgrüne Blüten, die in halbkugeligen Dolden stehen. Sie sind eine wichtige späte Nahrungsquelle für viele Insekten, auch Schmetterlinge, da die meisten Pflanzen schon im Frühling oder Sommer blühen.

Die Früchte werden zwischen Januar und April reif.
Sie werden von Vögeln gefressen.
Die ausgeschiedenen Samen verbreiten den Efeu weiter.

Mit Stecklingen in feuchter Erde lässt sich Efeu leicht vermehren. Jugendformen behalten ihre Wuchsform bei und können in späteren Jahren auch Blühsprosse hervorbringen.

Efeupflanzen, die aus Stecklingen der Erwachsenenform gezogen wurden, wachsen nur aufrecht und können keine Kriechsprosse mehr ausbilden.

Sämtliche Pflanzenteile sind giftig, der Efeu ist aber auch eine Heilpflanze, die bei Husten hilft. Efeu gilt außerdem als Symbolpflanze für Freundschaft, Treue, ewiges Leben und Liebe, die den Tod überdauert. Deshalb wird er oft auf Friedhöfen gepflanzt.

Informiere deine Klasse über den Efeu.

Mache dir dafür auf kleinen Karten Notizen.

Du solltest z.B. darüber berichten,
- ✓ welche Spross- und Blattformen beim Efeu auftreten,
- ✓ wie alt der Efeu werden kann,
- ✓ welche Bedeutung Blüten und Früchte des Efeus haben,
- ✓ warum man Efeu oft auf Friedhöfen pflanzt.

> **Tipp**
> Suche in der Nähe der Schule oder zuhause Efeupflanzen.
> Pflücke je ein Blatt der Jugendform und der Erwachsenenform und zeichne sie möglichst genau in dein Heft.
> Beschrifte sie.
> Du kannst die Blätter anschließend einige Tage pressen und dann in dein Heft einkleben.

Die Eibe

Die Eibe ist ein immergrüner Baum oder Strauch mit dunkelgrünen, nadelförmigen Blättern. Sie wurde 2011 zur Giftpflanze des Jahres gewählt, denn ihre Rinde, die Nadeln und die Samen enthalten sehr giftige Inhaltsstoffe. Der rote Fruchtmantel dagegen ist nicht giftig. Es hat schon tödliche Vergiftungen bei Menschen, Rindern und Pferden gegeben. Für Hirsche, Hasen, und Vögel ist die Eibe dagegen nicht giftig.

Das Holz der Eibe wurde seit jeher vom Menschen geschätzt, da es sich durch eine besondere Härte auszeichnet. Die Nutzung von Eibenholz durch den Menschen geht sehr weit zurück. Der berühmte „Ötzi" lebte vor 5200 Jahren und trug einen Bogenstab aus Eibenholz bei sich. Auch der Stiel seines Kupferbeiles war aus Eibenholz.

Eiben sind sogenannte zweihäusige Pflanzen. Das bedeutet, dass es männliche und weibliche Bäume gibt. Die männlichen Eiben besitzen gelbliche, zapfenförmige Blüten, die nur Staubblätter mit Pollen besitzen. Die Verbreitung des Pollens erfolgt durch den Wind. Weibliche Pflanzen tragen im Herbst rote Früchte, die in der Mitte einen einzelnen Samen enthalten. Die Samen werden hauptsächlich von Vögeln verbreitet, die den roten, fleischigen Samenmantel verzehren und den Samen später wieder ausscheiden.

Eiben können sehr alt werden. Es gibt Exemplare, deren Alter auf 1800 Jahre geschätzt wird. In der Jugend wachsen Eiben sehr langsam und manche werden erst nach 100 Jahren geschlechtsreif. Eiben können bis zu 20 m hoch werden und das Dickenwachstum ihres Stammes hält ein Leben lang an. Darum haben alte Eiben meist einen sehr dicken Stamm.

Informiere deine Klasse über die Eibe.

Mache dir dafür auf kleinen Karten Notizen.
Du solltest z.B. darüber berichten,
- wie die Eibe aussieht,
- wie giftig die Eibe ist,
- wie alt die Eibe wird,
- warum die Eibe vom Menschen so geschätzt wird,
- welche Besonderheiten es im Leben der Eibe gibt.

Information

Die langlebige Kiefer – ein uralter Baum

Es war einmal vor über 4700 Jahren, als ein Kiefernhäher mehrere Samen der langlebigen Kiefer etwa 30 cm tief im trockenen Boden der White Mountains in Kalifornien vergrub.

Dort oben in den Bergen auf etwa 3000m Höhe war es sehr windig, und die langlebigen Kiefern waren die einzigen Bäume, die in dieser kalten, windigen Gegend auf trockenem steinigem Boden existieren konnten. Hätte der Kiefernhäher die Samen nicht so tief vergraben, wären sie vertrocknet und verweht. So aber konnten sie keimen und mehrere Gruppen von Keimlingen wuchsen auf dem trockenen Boden. Weil oft mehrere Keimlinge nah beieinander standen, berührten sich die Stämmchen der jungen langlebigen Kiefern als sie etwas größer und dicker wurden und mit den Jahren verwuchsen sie miteinander zu kräftigen Stämmen. So wurden aus kleinen Samen Bäume, die nun schon seit Jahrtausenden Wind, Kälte und Trockenheit trotzen.

Die Winter sind lang dort oben in den White Mountains und auch in den kurzen Sommermonaten steigt die Temperatur selten über 10°C.

Aber nur unter diesen extremen Lebensbedingungen wird die langlebige Kiefer so alt. Hier steht sie nicht im Schatten anderer Bäume und bekommt Licht von allen Seiten. Auf dem kargen Boden wächst nicht einmal Gras und so muss sie die Mineralien im Boden, die sie über ihre Wurzeln aufnimmt, mit niemandem teilen.

Auch von Schädlingen wird die langlebige Kiefer an diesem Standort nicht befallen.

Das Alter von 4700 Jahren haben Wissenschaftler bei einem Exemplar in den White Mountains durch Auszählung der Jahresringe in einem kleinen Bohrkern bestimmt. Der Baum hat daran keinen Schaden genommen und lebt immer noch.

Die langlebige Kiefer ist ein immergrüner Nadelbaum und ihre glänzenden, dunkelgrünen Nadeln, die mit einer dicken Wachsschicht, der Kutikula, vor Austrocknung und Kälte geschützt werden, können bis zu 38 Jahren am Baum bleiben.

Informiere deine Klasse über die langlebige Kiefer.

Mache dir dafür auf kleinen Karten Notizen.

Du solltest z.B. darüber berichten,

- ✓ wo die langlebige Kiefer wächst,
- ✓ wie die Lebensbedingungen an ihrem Standort sind,
- ✓ warum ihr Stamm oft so dick und knorrig ist,
- ✓ wie Wissenschaftler ihr Alter bestimmt haben.

Information

Das älteste Tier der Welt – ein Schwamm

Ein Riesenschwamm, der auf dem Meeresgrund in der Antarktis lebt, ist mit einem Alter von über 10000 Jahren vermutlich das älteste Lebewesen der Welt.

Wie kann man das Alter des Riesenschwammes bestimmen?

Anders als Bäume besitzen Schwämme keine Jahresringe, mit denen man ihr Alter bestimmen kann. Der amerikanische Wissenschaftler Paul Dayton, der den zwei Meter großen Schwamm vor rund 20 Jahren auf dem Meeresboden in der Antarktis entdeckt hatte, tauchte über 10 Jahre immer wieder zu dem Tier in die Tiefe und vermaß es. Er konnte über diesen Zeitraum kaum ein Wachstum feststellen. Daraus schloss er, dass das entdeckte Exemplar bereits sehr alt sein müsse, um bei dem extrem langsamen Wachstum auf die beachtliche Größe von zwei Metern zu kommen.

Wissenschaftler aus Bremerhaven bestätigten diese Vermutung. Sie berechneten das Alter des Riesenschwammes anhand seines Sauerstoffverbrauchs.

Lebewesen benötigen Sauerstoff, um aus den Nährstoffen Energie freizusetzen, die sie für alle Lebensvorgänge brauchen. Wer nur sehr wenig Sauerstoff verbraucht, kann auch nur sehr langsam wachsen und hat nur einen ganz geringen Stoffwechsel.

Die Messergebnisse der Wissenschaftler zeigten eindeutig, dass der von ihnen untersuchte Riesenschwamm einen äußerst geringen Sauerstoffverbrauch hat und somit auch nur sehr langsam wachsen kann. Sie schätzten sein Alter deshalb auf mindestens 10000 Jahre.

Wie lebt der Riesenschwamm?

Der Riesenschwamm, der eine Körperform wie eine Vase hat, lebt festgewachsen auf dem Meeresgrund. Er besitzt viele Poren, durch die das Wasser strömt. Die im Wasser enthaltenen Nahrungspartikel filtert er heraus und ernährt sich davon.

Anders als andere Tiere besitzt er keine Organe (also weder Herz, Kiemen, Magen, Darm, Leber und Nieren noch Augen, Ohren oder ein Gehirn) und keine Muskeln.

Warum ist der Riesenschwamm für Wissenschaftler so interessant?

Forscher haben herausgefunden, dass der Riesenschwamm Stoffe enthält, die ihn vor Bakterien und Pilzerkrankungen schützen. Außerdem möchten sie erforschen, wie es möglich ist, dass die Zellen trotz des unglaublich hohen Alters keine Alterserscheinungen zeigen. Mit diesen Erkenntnissen könnten eines Tages vielleicht sehr wirksame Arzneimittel hergestellt werden.

Informiere deine Klasse über den Riesenschwamm.

Mache dir dafür auf kleinen Karten Notizen.

Du solltest z.B. darüber berichten,

- ✓ wie der Riesenschwamm aussieht, und wie groß er wird,
- ✓ wo der Riesenschwamm lebt und wie er sich ernährt,
- ✓ wie Wissenschaftler sein Alter bestimmt haben,
- ✓ warum der Riesenschwamm für die Forscher so interessant ist.

Warum müssen wir alt werden und sterben?

Wenn ein geliebter Mensch oder ein Haustier stirbt, dann ist das sehr traurig. Der Mensch oder das Haustier, das gestorben ist, hat zum eigenen Leben dazugehört und fehlt nun plötzlich. Das ist ein sehr schmerzlicher Verlust und Menschen reagieren darauf oft mit tiefer Trauer.

Vielleicht hast du dir auch schon einmal die Frage gestellt, warum alle Lebewesen irgendwann sterben müssen?
So schwer es zu begreifen ist, der Tod gehört zum Leben dazu.
Denke noch einmal an die Kennzeichen des Lebens.

Wenn das Leben zu Ende geht

Zu Beginn der Unterrichtseinheit „Leben" hast du gelernt, dass es bestimmte Kennzeichen des Lebens gibt.
Diese Kennzeichen sind

- Fortpflanzung
- Wachstum
- Bewegung
- Stoffwechsel
- Reizbarkeit

Ein weiteres Kennzeichen ist, dass jedes Lebewesen eine begrenzte Lebensspanne hat und irgendwann stirbt. Der **Tod** gehört zum Leben dazu.

Was passiert, wenn das Leben zu Ende geht?
Wenn ein Mensch stirbt, wird seine Atmung flacher und sowohl das Sehvermögen als auch das Hörvermögen nehmen ab. Der Sterbende ist kaum noch ansprechbar. Schließlich hört die Atmung ganz auf und das Herz hört auf zu schlagen. Nun wird der Körper nicht mehr mit lebenswichtigem Sauerstoff und Nährstoffen versorgt. Dadurch sterben bereits nach wenigen Minuten die Gehirnzellen ab und der Hirntod tritt ein.

Wie stellt der Arzt den Tod fest?
Wenn der Arzt keinen Puls mehr ertasten kann und keine Atmung mehr beobachten kann, testet er den Pupillenreflex. Bei einem Toten sind die Pupillen weit und starr. Sie ziehen sich bei einem Lichtreiz nicht zusammen. Auch andere Reflexe können nicht mehr ausgelöst werden. Es können keine Hirnströme mehr gemessen werden.
Bei einem Verstorbenen sinkt die Körpertemperatur stark ab, so dass er sich kalt anfühlt. Nach einigen Stunden wird der Körper des Toten steif – die sogenannte Leichenstarre setzt ein.

Wenn Tiere sterben

Was du hier über das Sterben und den Tod des Menschen erfahren hast, gilt auch für alle Säugetiere, Vögel, Reptilien, Amphibien und Fische. Auch bei einem Kaninchen, einem Pferd oder einer Katze hört am Ende des Lebens die Atmung auf und das Herz steht still.

Was passiert nach dem Tod?

Diese Fragen stellen sich Menschen auf der ganzen Welt.

Die **Naturwissenschaften** können diese Fragen nicht beantworten. Naturwissenschaftler befassen sich mit der Erforschung der Natur. Sie **beobachten**, **messen**, überlegen sich **Forschungsfragen** und denken sich passende **Experimente** aus, um ihre Fragen zu beantworten. Oft haben sie bereits eine **Vermutung**, die sich dann durch die **Ergebnisse** der Experimente als richtig oder falsch herausstellt.

Es gibt aber kein Experiment, mit dem man herausfinden kann, was mit der Seele nach dem Tod passiert. Darum können Naturwissenschaftler hierauf keine Antwort geben.
Genau so unmöglich ist es, durch Experimente, Messungen oder genaues Beobachten herauszufinden, ob es Gott gibt oder nicht. Die Naturwissenschaft stößt hier an ihre Grenzen.

Die Frage, ob es ein Leben nach dem Tod gibt, ist aber so alt, wie die Menschheit selbst und viele Menschen finden darauf eine Antwort in ihrem Glauben, ganz egal, welcher Religion sie angehören.

Die Karte der Weltreligionen gibt dir einen Überblick über die Verbreitung der vorherrschenden Religionen auf der Welt und darüber, welche Vorstellungen die Gläubigen von einem Leben nach dem Tod haben.
Nach dieser Karte ist z.B. die vorherrschende Religion in Europa das Christentum. Das heißt aber nicht, dass hier alle Menschen gläubige Christen sind. In Europa leben auch Juden, Muslime sowie Gläubige anderer Religionen und auch Menschen, die gar keiner Religion angehören. Die Karte zeigt dir also lediglich, woran jeweils die Mehrheit der Bevölkerung in einem Land glaubt.

Karte der Weltreligionen

Muslime glauben an ein ewiges Leben nach dem Tod. Wer nach den Geboten Gottes gelebt hat, wird mit dem Paradies belohnt, das sich manche wie ein großes Fest vorstellen.

Buddhisten glauben, dass alle Lebewesen viele Male wiedergeboren werden. In jedem Leben sammelt der Mensch viele neue Erfahrungen und wird so immer vollkommener.

Juden glauben, dass die Toten so auferstehen, wie sie begraben wurden. Darum werden sie würdig gekleidet. Da vorausgesetzt wird, dass die Verstorbenen alles wahrnehmen, was um sie herum passiert, wird in ihrer Gegenwart alles vermieden, was sie auch gerne tun würden, z.B. essen und trinken.

Für Hindus kehrt die Seele nach dem Tod in einem anderen Lebewesen wieder auf die Erde zurück. Geburt, Tod und Wiedergeburt bilden einen ewigen Kreislauf. Das Karma, das „Konto der guten oder schlechten Taten", hat große Auswirkungen auf das nächste Leben. Ein gutes Karma bewirkt, dass die Seele in einem besseren Leben wiedergeboren wird.

So traurig es auch ist, wenn ein geliebter Mensch stirbt: **Christen** glauben, dass die Toten auferstehen und dass ein ewiges, frohes Leben in der Nähe Gottes auf sie wartet. Der Tod ist somit der Übergang des Menschen zu Gott.

- Judentum
- Christentum
- Islam
- Buddhismus und chinesische Religionen
- Hinduismus
- Naturreligionen

Anhang

Präsentationsauftrag

Quallen in Bewegung

- ✓ Informiere deine Klasse über das Thema Quallen.
- ✓ Mache dir dafür auf kleinen Karten Notizen.
- ✓ Du solltest z.B. darüber berichten:
  - ☞ Wie der Körper der Qualle aufgebaut ist.
  - ☞ Wie sie sich bewegt.
  - ☞ Wie sie sich ernährt.
  - ☞ Nutze zur Präsentation die Bilder.

Präsentationsauftrag

Fische in Bewegung

- ✓ Informiere deine Klasse über das Thema Fische.
- ✓ Mache dir dafür auf kleinen Karten Notizen.
- ✓ Du solltest z.B. darüber berichten:
  - ☞ Welche verschiedenen Flossen Fische besitzen.
  - ☞ Welche Aufgaben die einzelnen Flossen erfüllen.
  - ☞ Nutze zur Präsentation die Bilder.

Präsentationsauftrag

Frösche in Bewegung

- ✓ Informiere deine Klasse über das Thema Frösche.
- ✓ Mache dir dafür auf kleinen Karten Notizen.
- ✓ Du solltest z.B. darüber berichten:
  - ☞ Was Amphibien sind.
  - ☞ Wie ihr Körper gebaut ist.
  - ☞ Wie Frösche sich an Land und im Wasser bewegen.
  - ☞ Nutze zur Präsentation die Bilder.

Präsentationsauftrag

Schlangen in Bewegung

- ✓ Informiere deine Klasse über Schlangen:
- ✓ Mache dir dafür auf kleinen Karten Notizen.
- ✓ Du solltest z.B. darüber berichten:
  - ☞ Welche Besonderheit es beim Skelett der Schlange gibt.
  - ☞ Wie sie sich am Boden und an Bäumen bewegt.
  - ☞ Wie schnell sie ist.
  - ☞ Nutze zur Präsentation die Bilder.

Präsentationsauftrag

Vögel in Bewegung

- ✓ Informiere deine Klasse über das Thema Vögel:
- ✓ Mache dir dafür auf kleinen Karten Notizen.
- ✓ Du solltest z.B. darüber berichten:
  - ☞ Welche verschiedenen Flugtechniken Vögel beherrschen.
  - ☞ Wofür sie die Flugtechniken einsetzen.
  - ☞ Welche Vögel nicht fliegen können und wie sie an ihren Lebensraum angepasst sind.
  - ☞ Nutze zur Präsentation die Bilder.

Präsentationsauftrag

Geparden – die schnellsten Landtiere

- ✓ Informiere deine Klasse über das Thema Geparden.
- ✓ Mache dir dafür auf kleinen Karten Notizen.
- ✓ Du solltest z.B. darüber berichten:
  - ☞ Welche besonderen Körpermerkmale der Gepard besitzt.
  - ☞ Welche Aufgaben die Körpermerkmale erfüllen.
  - ☞ Wie schnell sich ein Gepard bewegen kann.
  - ☞ Nutze zur Präsentation die Bilder.

Präsentationsauftrag

Pflanzen in Bewegung

- ✓ Informiere deine Klasse über Pflanzenbewegungen durch chemische Reize.
- ✓ Mache dir dafür auf kleinen Karten Notizen.
- ✓ Du solltest z.B. darüber berichten:
  - ☞ Was chemische Reize sind.
  - ☞ Warum der Sonnentau seine Blätter bewegt.
  - ☞ Wie der Sonnentau Bewegungen ausführt.
  - ☞ Nutze zur Präsentation die Bilder.

Präsentationsauftrag

Pflanzen in Bewegung

- ✓ Informiere deine Klasse über Pflanzenbewegungen durch Berührung.
- ✓ Mache dir dafür auf kleinen Karten Notizen.
- ✓ Du solltest z.B. darüber berichten:
  - ☞ Welche Pflanzen auf Berührung regieren.
  - ☞ Wie die Pflanzen die Bewegungen ausführen.
  - ☞ Nutze zur Präsentation die Bilder.

Präsentationsauftrag

Pflanzen mit einer „inneren Uhr"

- ✓ Informiere deine Klasse über tagesperiodische Pflanzenbewegungen.
- ✓ Mache dir dafür auf kleinen Karten Notizen.
- ✓ Du solltest z.B darüber berichten:
  - ☞ Wie Wissenschaftler herausgefunden haben, dass Pflanzen eine „innere Uhr" besitzen.
  - ☞ Wie sich die Blätter der Bohnenpflanze bewegen können.
  - ☞ Warum die Bohnenpflanzen Schlafbewegungen ausführen.
  - ☞ Nutze zur Präsentation die Bilder.

Präsentationsauftrag

Pflanzen in Bewegung

- ✓ Informiere deine Klasse über Pflanzenbewegungen durch Temperaturänderung.
- ✓ Mache dir dafür auf kleinen Karten Notizen.
- ✓ Du solltest z.B. darüber berichten:
  - ☞ Welche Pflanzen sich durch Temperaturänderung bewegen.
  - ☞ Wie die Pflanzen die Bewegungen ausführen.
  - ☞ Warum sie sich bewegen.
  - ☞ Nutze zur Präsentation die Bilder.

Lösung

Fortpflanzung – was ist überall gleich?

1 Es beginnt jeweils damit, dass eine _Eizelle_ heranreift: Bei der Frau im Eierstock und bei der Kirschblüte im Fruchtknoten.

2+3 _Spermienzellen_ sind auf dem Weg zur Eizelle: Bei der Frau sind sie beim Geschlechtsverkehr beim Samenerguss des Mannes in die Scheide gelangt. Von dort gelangen sie durch die Gebärmutter bis zur Eizelle im Eileiter. Bei der Kirschblüte sind Blütenpollen auf die Narbe der Blüte gelangt. Die Pollen bilden einen Pollenschlauch mit einer Spermienzelle darin, der in den Stempel der Blüte hinein wächst und bis zur Eizelle gelangt.

4 Es kommt nun jeweils zur _Befruchtung_ der Eizelle. Neues Leben entsteht.

5 In beiden Fällen beginnt die befruchtete Eizelle sich zu _teilen_ .

6+7 Nach etlichen Zellteilungen ist der Keim in der Gebärmutter der Frau angekommen und nistet sich in der Gebärmutterschleimhaut ein. Aus dem Keim ist ein _Embryo_ geworden. Er wird durch ein besonderes _Nährgewebe_ – die Plazenta – mit allen lebenswichtigen Stoffen versorgt. Auch bei der Kirsche hat sich ein Embryo entwickelt, der durch ein Nährgewebe in der Samenanlage versorgt wird.

8 Beim ungeborenen Kind werden nun alle _Organe_ angelegt und der menschliche Körper mit Kopf, Rumpf, Armen und Beinen wird erkennbar. Im _Samen_ der Kirsche bilden sich zwei dicke Keimblätter, eine winzige Keimwurzel, ein Spross und die ersten kleinen Laubblätter.

9 Das Kind gelangt durch den engen Geburtskanal nach draußen. Die Nabelschnur wird durchtrennt und es beginnt zu _atmen_ . Ein Kind ist geboren. Der Keimling durchbricht die harte Samenschale. Die Wurzel wächst in das Erdreich hinein und nimmt Wasser auf. Der Spross und die Laubblätter wachsen nach oben zur Sonne hin und nehmen _Sonnenlicht_ auf. Ein Pflänzchen ist „geboren".

| _Sonnenlicht_ | _Eizelle_ | _atmen_ | _Spermienzellen_ | _Samen_ | _Befruchtung_ |
| _Organe_ | _teilen_ | _Nährgewebe_ | _Embryo_ | | |

Lösung

Vögel in Bewegung

Aufgabe:
- ✓ Lies den Informationstext aufmerksam durch.
- ✓ Ordne den Bildern die passenden Begriffe zu.

| *Rüttelflug* | *Gleitflug* | *Ruderflug* |

Schwirrflug

| *Segelflug* | *guter Taucher* | *schneller Läufer* |

Ruderflug   Gleitflug   Segelflug   Rüttelflug

Schwirrflug   guter Taucher   schneller Läufer

Lösung

Geparden – die schnellsten Landtiere

Der Körper ist schlank und leicht.

Der kleine Kopf bietet wenig Luftwiderstand.

Der lange Schwanz ist wichtig zum Halten des Gleichgewichtes.

Durch die großen Nasengänge kann er beim Laufen viel Luft einatmen.

Mit den langen Beinen kann er große Schritte machen.

Die dicken, schuppigen Sohlen sind unempfindlich. Mit ihnen kann sich der Gepard gut abstoßen und rutscht nicht aus.

Lösung

Was macht der Körper mit der Luft?

Du brauchst:
- Standzylinder
- Glasdeckel
- Strohhalm
- Teelicht oder Kerzenstummel
- Draht
- Alu-Folie

Aufgabe:
- ✓ Befestige den Draht an dem Teelicht/Kerzenstummel.
- ✓ Lege etwas Alu-Folie auf den Boden des Zylinders, um Wachsflecken zu vermeiden.
- ✓ Senke das Teelicht langsam in den Standzylinder und beobachte.
- ✓ Nimm das Teelicht wieder heraus.
- ✓ Atme mit Hilfe eines Strohhalmes 20 Mal in den Standzylinder und decke dabei die Öffnung mit dem Glasdeckel soweit wie möglich ab.
- ✓ Senke das brennende Teelicht hinein und beobachte.

Was hast du beobachtet?

Die Kerze brennt im offenen Glas mit Raumluft weiter, erlischt aber im Glas mit der Ausatemluft.

Wie erklärst du deine Beobachtung?

Die Kerze benötigt zum Brennen Sauerstoff, der in der Raumluft vorhanden ist. Beim Einatmen wird ein Großteil des Sauerstoffs von der Lunge aufgenommen. Beim Ausatmen wird Kohlenstoffdioxid abgegeben, das sich im Standzylinder sammelt und die Flamme erstickt.

Lösung

Was passiert, wenn Pflanzen Licht aufnehmen?

Wichtiger Hinweis:
Wasserpest gedeiht am besten bei Temperaturen zwischen 16° und 22° C. Es muss also vermieden werden, dass das Wasser im Erlenmeyerkolben zu warm wird.

Beobachtung:
Zwischen den Blättern bilden sich nach einigen Minuten kleine Gasblasen.

Erklärung:
Die Pflanze nutzt das Licht, um aus Kohlenstoffdioxid und Wasser Nährstoffe aufzubauen. Diesen Vorgang nennt man Fotosynthese. Bei diesem Vorgang entsteht Sauerstoff, der als Bläschen sichtbar wird. Der für uns lebenswichtige Sauerstoff ist für die Pflanze ein Abfallprodukt.
Im 2. Erlenmeyerkolben, der abgedunkelt wurde, sind keine Bläschen zu sehen.

Lösung

Atmen Pflanzen auch?

Aufgabe 1:
- ✓ Fülle 25 frische Löwenzahnblüten in den Standzylinder.
- ✓ Befestige die Kerze am Draht und zünde sie an.
- ✓ Schiebe die brennende Kerze in den Standzylinder.

Beobachtung: Die Kerze brennt weiter.

Aufgabe 2:
- ✓ Ziehe die Kerze wieder aus dem Standzylinder.
- ✓ Lasse den Standzylinder noch 5 Minuten offen stehen, damit frische Luft hineingelangt. Verschließe ihn dann mit dem Glasdeckel und lasse ihn über Nacht stehen.
- ✓ Wiederhole am nächsten Morgen das Experiment mit der brennenden Kerze.

Beobachtung: Die Kerze erlischt sofort beim Eintauchen in den Zylinder.

Wie erklärst du deine Beobachtung?

Im Standzylinder befindet sich ein Gas, das die Flamme erstickt. Es ist **Kohlenstoffdioxid**. Es ist durch die **Atmung** der Blüten entstanden.

Wir haben hiermit nachgewiesen, dass Pflanzen auch atmen.

Warum ist Reizbarkeit so wichtig?

Aufgabe:
- ✓ Zähle auf, was die Menschen in der Steinzeit alles wahrgenommen haben.
- ✓ Welche Sinne haben sie dafür gebraucht?
- ✓ Wie haben sie darauf reagiert?

- ✓ **Ergänze die Tabelle**

Wahrnehmung:	Sinn:	Reaktion:
Donnerschlag	Gehör (Ohr)	Zusammenzucken
Blitzen	Sehsinn (Auge)	Blinzeln, Angst
Krachen	Gehör (Ohr)	Zusammenzucken
Flammen	Sehsinn (Auge)	Jäger läuft los
Gewaltige Hitze	Tast- und Temperatursinn (Haut)	Zurückziehen, Aufschrei
Wohlige Wärme		Holen mehr Feuer
Rauch	Geruchsinn (Nase)	Wachsamkeit
Knistern, Knacken	Gehör (Ohr)	Wachsamkeit
Riesiger Schatten	Sehsinn (Auge)	Angriff
Leckerer Geruch nach gebratenem Fleisch	Geruchsinn (Nase)	Appetit, Essen
	Geschmacksinn (Zunge)	Appetit, Schmatzen

Mit unseren Sinnen können wir Reize aus unserer Umwelt wahrnehmen. Unsere Beweglichkeit ermöglicht es uns, darauf angemessen zu reagieren. Diese Fähigkeit nennt man **Reizbarkeit**.

Lösung

Was sind die Voraussetzungen für das Leben?

Abbildung 1
Die Abbildung zeigt einen Blick auf die Erde von der Mondoberfläche. Aus dem Weltall betrachte sieht unsere Erde blau aus.

Abbildung 2
Die Abbildung zeigt, dass große Teile der Erde durch unsere Ozeane blau sind und große Teile der Landmassen durch unsere Pflanzenwelt grün sind.

Abbildung 3
Die Pflanzen sind die Voraussetzung für das Leben aller Tiere und Menschen, denn sie produzieren die Nährstoffe.

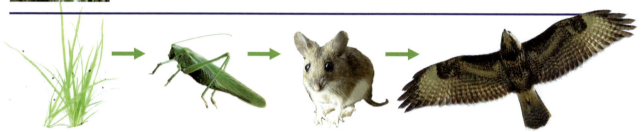

Abbildung 4
Die Abbildung zeigt die Nahrungsbeziehungen der Lebewesen. Sie bilden eine Kette, in der ein Partner die Nahrung des anderen ist. Durch die Nahrung wird lebenswichtige Energie aufgenommen. Nahrungsaufnahme ist für alle Tiere und Menschen eine Voraussetzung zum Leben.

Am Anfang einer **Nahrungskette** steht immer eine **Pflanze**.

Sie bekommt die **Energie**, die sie zum Leben braucht von der **Sonne**. Pflanzen sind in der Lage, Nährstoffe selbst zu **produzieren**. Tiere und Menschen können nur existieren, weil es die Pflanzen gibt: An der zweiten Stelle der Nahrungskette stehen die **Pflanzenfresser.** Sie werden wiederum von den **Fleischfressern** verzehrt.

Lösung

Was sind die Voraussetzungen für das Leben?

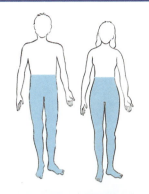

Menschen bestehen zu etwa 60 % aus Wasser.

Alle Körperzellen und auch das Blut enthalten Wasser

Wir benötigen Wasser für

- unsere Körperzellen
- unseren Blutkreislauf
- den Nährstofftransport
- die Ausscheidung von Stoffen
- die Regulierung der Körpertemperatur (Schwitzen)

Ohne Wasser kein Leben!

Lösung

Was sind die Voraussetzungen für das Leben?

Ergänze die Texte zu den Abbildungen.

In unseren Lungen gelangt der eingeatmete Sauerstoff in feine Adern und wird vom vorbeiströmenden Blut aufgenommen. Mit dem Blut gelangt der Sauerstoff zu allen Körperzellen.

Mit seinen Kiemen atmet der Fisch den im Wasser gelösten Sauerstoff ein. Landwirbeltiere können mit ihren Lungen unter Wasser nicht atmen.

Die grünen Pflanzen stellen bei der Fotosynthese mit Hilfe des Sonnenlichtes aus Kohlenstoffdioxid und Wasser Nährstoffe her. Bei diesem Vorgang entsteht außerdem Sauerstoff.

*Mit dem Blut gelangen die **Nährstoffe** aus der Nahrung und der eingeatmete **Sauerstoff** zu allen Körperzellen. Dort **reagieren** die Nährstoffe mit dem Sauerstoff. Bei dieser Reaktion wird **Energie** frei, die die Zelle zum **Leben** braucht. Fast alle Lebewesen auf der Erde sind auf Sauerstoff **angewiesen**.*

Lösung
Was sind die Voraussetzungen für das Leben?

Wenn es sehr kalt ist, fängt man an zu frieren. Der Körper beginnt als Reflex zu zittern. Wenn man zu lange der Kälte ausgesetzt ist, kann man sogar erfrieren. Aber auch zu starke Wärme, führt dazu, dass unser Körper reagiert. Wir beginnen zu schwitzen. Wenn es jedoch zu heiß wird, kann unser Körper die Überhitzung durch Schwitzen nicht mehr ausgleichen. Es gibt also einen bestimmten Temperaturbereich, in dem wir leben können. Dieser ist nicht bei allen Lebewesen gleich. Allerdings können extreme Hitze und Kälte über einen längeren Zeitraum von keinem Lebewesen ertragen werden.

Die Sonne – ein Stern der Leben spendet

Trotz ihrer Entfernung von etwa 150 Millionen Kilometern, ist die Sonne für das Leben auf der Erde von größter Bedeutung. Sie ist in ihrem Inneren 15 Millionen °Celsius heiß und auf ihrer Oberfläche sind es immerhin noch 6000 °Celsius. Die Sonnenenergie wird in den Weltraum abgestrahlt und erreicht so auch unsere weit entfernte Erde. Mit ihrer Strahlung liefert die Sonne der Erde die Wärme, ohne die es kein Leben geben kann.

Könnten wir auch auf dem Mond leben?

Auch der Mond wird von der Sonne angestrahlt. Darum können wir ihn ja nachts sehen. Trotzdem könnten wir dort nicht leben, selbst wenn wir Sauerstoff, Nahrung und Wasser mitnehmen würden.

Die Oberfläche des Mondes ist nämlich extremen Temperaturschwankungen ausgesetzt. Auf der Tagseite kann die Oberfläche aus fein gemahlenem Gestein Temperaturen bis zu 130 Grad Celsius erreichen. Auf der Nachtseite hingegen ist es selbst am Äquator bis zu minus 160 Grad kalt. Diese Temperaturschwankungen könnte kein Lebewesen ertragen.

Die Erde – der Ort des Lebens

Auch auf der Erde gibt es Temperaturschwankungen. Sie sind aber längst nicht so extrem, wie auf dem Mond. Das liegt daran, dass die Erde eine Atmosphäre hat. Das ist die Lufthülle der Erde. Sie sorgt für einen Temperaturausgleich. Auch auf der Erde wäre es ohne eine Atmosphäre unerträglich heiß oder kalt. Es gäbe kein Klima und kein Wetter. Die Atmosphäre schützt uns außerdem vor dem Einfall gesundheitsschädlicher UV-Strahlung.

Ergänze:

Ohne die Sonne gäbe es kein Leben auf der Erde, denn mit ihrer Strahlung liefert die Sonne die lebensnotwendige Wärme.

Auf dem Mond könnten wir nicht leben, weil es dort zu große Temperaturschwankungen gibt.

Auf der Erde herrschen gute Bedingungen für das Leben weil die Erde eine Atmosphäre hat. Sie sorgt für ausgeglichene Temperaturen und ist für das Klima und das Wetter verantwortlich.

Lösung — Wie alt werden Lebewesen?

	Lebewesen	Lebensspanne
	Stubenfliege	16 – 24 Tage
	Zwerggrundel	59 Tage
	Goldhamster	2 – 3 Jahre
	Meerschweinchen	7-8 Jahre
	Pferd	46 Jahre
	Orang-Utan	50 Jahre
	Elefant	70 Jahre
	Mensch	122 Jahre
	Rotbuche	300 Jahre
	Efeu	400 Jahre
	Eibe	1800 Jahre
	Langlebige Kiefer	4700 Jahre
	Riesenschwamm	10000 Jahre